GOLDMANN

Buch

Oft liegen die Beziehungsprobleme von Paaren in deren Kindheit begründet. Denn Eltern und andere wichtige Bezugspersonen prägen den Charakter und beeinflussen damit, wie Beziehungen im Erwachsenenalter gelebt werden. Viele aktuelle Konflikte zwischen Partnern lassen sich deshalb lösen, wenn sie an ihrem Ursprung geklärt werden. Die erfahrenen Paartherapeuten Sabine und Roland Bösel leiten seit Jahren Generationen-Workshops, in denen verdrängte Erfahrungen, die den Liebesalltag belasten können, aufgearbeitet werden. Anhand von Fallbeispielen zeigen sie mit viel Sensibilität, wie man alten Ballast loswerden und Blockaden auflösen kann.

Autoren

Sabine und Roland Bösel sind bereits über 30 Jahre verheiratet und haben drei erwachsene Kinder. Sie betreiben seit über 20 Jahren eine Praxis für Paar- und Psychotherapie in Wien und sind seit 10 Jahren auch als Imago-Therapeuten im Einsatz.

www.boesels.at

Außerdem von Sabine und Roland Bösel im Programm

Leih mir dein Ohr und ich schenk dir mein Herz (17328)

Sabine Bösel / Roland Bösel

Warum bist du immer so?

Wie Ihre Kindheit sich auf Ihre Partnerschaft auswirkt – und wie Sie damit umgehen

GOLDMANN

Alle Ratschläge in diesem Buch wurden von den Autoren und vom Verlag sorgfältig erwogen und geprüft. Eine Garantie kann dennoch nicht übernommen werden. Eine Haftung der Autoren beziehungsweise des Verlags und seiner Beauftragten für Personen-, Sach- und Vermögensschäden ist daher ausgeschlossen.

MIX
Papier | Fördert gute Waldnutzung
FSC® C014496

Penguin Random House Verlagsgruppe FSC® N001967

7. Auflage
Vollständige Taschenbuchausgabe Juni 2015
Wilhelm Goldmann Verlag, München,
in der Penguin Random House Verlagsgruppe GmbH,
Neumarkter Str. 28, 81673 München
produktsicherheit@penguinrandomhouse.de
(Vorstehende Angaben sind zugleich
Pflichtinformationen nach GPSR)

Originaltitel: Warum haben Eltern keinen Beipackzettel?
Über Risiken und Nebenwirkungen des emotionalen Erbes
fragen Sie Ihre Partnerin oder Ihren Partner
Umschlaggestaltung: Uno Werbeagentur, München
Satz: Buch-Werkstatt GmbH, Bad Aibling
Druck und Bindung: GGP Media GmbH, Pößneck
CL · Herstellung: IH
Printed in Germany
ISBN 978-3-442-17523-9
www.goldmann-verlag.de

Wir widmen dieses Buch
unseren drei Kindern Florian, Markus und Clara,
die uns so viel über die Risiken und Nebenwirkungen des
emotionalen Erbes gelehrt haben. Danke!

Inhalt

Eltern ohne Beipackzettel

Wenn Paare sich therapeutisch mit ihren Beziehungsproblemen auseinandersetzen, landen sie früher oder später dort, wo ihr Verhalten am stärksten geprägt wurde: in ihrer Kindheit. Das beobachten wir als Paartherapeuten tagtäglich. Eltern und andere wichtige Bezugspersonen sind für uns ein besonders prägendes Vorbild in der Art, wie sie Beziehungen leben – das betrifft Liebesbeziehungen ebenso wie das Verhalten gegenüber anderen Menschen.

In Familien geht vieles im Verborgenen vor sich. Ein großer Teil unseres Verhaltens wird durch Gewohnheiten bestimmt, die unbewusst ablaufen, wie sozialpsychologische Studien belegen. Vieles davon wird an die nächste Generation weitergegeben. Dieses Erbe ist überwiegend hilfreich und sinnvoll. Unsere Eltern führen uns ein in die Welt, und wir lernen anhand ihres Vorbilds, wie wir uns in bestimmten Situationen verhalten, wie wir mit anderen Menschen auskommen und unsere Ziele erreichen können. Das Vorbild von Eltern hat auch Risiken und Nebenwirkungen. Leider gibt es dazu keinen Beipacktext, der auf sie hinweist und uns vorwarnt – geschweige denn uns Empfehlungen gibt, was im Falle unerwünschter Wirkungen zu tun ist. Es bleibt uns also nur übrig, selbst auf Entdeckungsreise zu gehen.

Ihren Beipackzettel selbst zu finden, dazu wollen wir Sie ermutigen. In diesem Buch haben wir alle Hilfestellungen, alles Wissen und die Erfahrungen aus unserer Praxis zusammengetragen. Seit vielen Jahren leiten wir zusätzlich zu unseren Paarseminaren auch Workshops »Generationen im Dialog«, in denen ein Elternteil mit Tochter oder Sohn teilnimmt, um ihr emotionales Erbe zu beleuchten und Frieden zu stiften – in der Beziehung zwischen Eltern und Kindern ebenso wie zwischen Geschwistern, und nicht zuletzt auch im Sinne einer geglückten Liebesbeziehung.

Doch es gilt nicht nur zu erkennen, welche Nebenwirkungen Ihre Eltern auf Sie haben und weshalb Sie sich heute so und nicht anders verhalten. Wir wollen mit diesem Buch ebenso zeigen, dass auch Ihr Vorbild auf die Kinder Wirkung und Nebenwirkungen hat – als Mutter, Vater, aber auch als Großvater, Großmutter, Onkel oder Tante. Es gibt niemanden, dem wir Schuld geben wollen, und das empfehlen wir auch Ihnen nicht zu tun. Jeder von uns agiert so, wie sie oder er es am besten kann. Dort, wo es gilt, verfahrene Situationen aufzulösen und Konflikte zu bereinigen, ist jede beteiligte Person aufgerufen, den eigenen Anteil an der Verantwortung zu erkennen und zu tragen, anstatt Schuld zuzuweisen.

Wir haben alle das Potenzial, unser Leben aktiv zu gestalten, sodass wir zufrieden und erfolgreich sind. Dafür haben wir die Selbstheilungskräfte in uns, die uns zum einen die Natur und zum anderen das »Medikament Eltern« geschenkt haben. Wir laden Sie ein, immer wieder Ihr eigenes Verhalten zu beobachten und sich dafür auch entsprechend zu würdigen. Denn wir Menschen können nur etwas an uns verändern, wenn wir uns selbst gegenüber wohlwollend bleiben.

In diesem Buch werden Sie viele Geschichten kennenlernen. Wir haben sorgsam Namen und Details geändert. Sollten Sie Ähnlichkeiten mit Ihnen bekannten Geschichten entdecken, so zeigt das nur, wie sehr wir alle miteinander verbunden sind. Sie finden auch wahre Geschichten aus unserem eigenen Leben. Damit wollen wir Sie motivieren, denn wir alle sitzen in einem ähnlichen Boot. Fachlich beziehen wir uns auf das, was wir in unseren Ausbildungen lernen durften. Als Paartherapeuten steht für uns speziell die Imagotherapie im Vordergrund. Wie wir die Imagomethode verstehen, haben wir in unserem ersten Buch »Leih mir dein Ohr und ich schenk dir mein Herz« dargelegt.

Wir wünschen Ihnen eine spannende Lektüre und eine anregende Entdeckungreise zu den Schätzen Ihres emotionalen Erbes. Lassen Sie sich inspirieren und ermutigen, den Blick immer wieder auf sich selbst zu werfen und sich eine neue Chance auf Entwicklung zu gönnen.

Warum verhältst du dich so seltsam?

Beipackzettel

Gebrauchsinformation: Dieses Kapitel wird angewendet bei »seltsamem« Verhalten aller Art, das bei anderen, aber auch bei einem selbst auffällig wird, sowie bei Streit, Krisen, drohender Trennung und anhaltenden Konflikten mit Lebenspartnern, Kindern oder Eltern.

Warnhinweise: Das Lesen und Verstehen dieses Kapitels kann zu einer neuen Einstellung sich selbst und anderen gegenüber führen, die in Kombination mit dem Verstehen des nächsten Kapitels in einer dauerhaften Verhaltensänderung resultieren kann.

Sie haben nie gefragt

Sabine und Roland, 24 und 25 Jahre, auf einer Studentenparty in Wien

Die Luft ist stickig in der kleinen Wohnung. Viele junge Menschen stehen herum, sie plaudern und lachen. Musik tönt dünn aus einem billigen Lautsprecher. Sabine erzählt einem kleinen Grüppchen angeregt über den bevorstehenden Sommerurlaub bei den Meteora-Klöstern in Griechenland. Als sie sich zur Seite dreht, sieht sie Roland am Türstock lehnen. Mit dem Ellenbogen stößt sie ihre Freundin neben sich an und nickt mit dem Kopf in Rolands Richtung.

»Schau einmal, Roland ist im Stehen eingeschlafen!« Es wird gekichert. Sabine geht zu Roland hin und berührt ihn sanft am Arm. Er blinzelt. »Oh, bin ich jetzt tatsächlich eingeschlafen? Im Stehen?«

»Ja, Roland. Ist ja auch kein Wunder. Es ist Donnerstag und du bist seit vier Uhr früh auf. Möchtest du, dass wir nach Hause gehen?«

»Nein, nein, geht schon. Du unterhältst dich doch gut.«

Doch als zwanzig Minuten später Roland wieder schlafend am Türstock lehnt, schnappt ihn Sabine kurzerhand und sie gehen heim. Müde trotten sie nebeneinander durch die nächtlichen Straßen.

»Manchmal frage ich mich, wie das weitergehen wird.«

»Was meinst du, Roland?«

»Mein Vater hat gesagt, dass er das Geld für die Löhne wieder nicht beisammenhat, und in drei Tagen ist Zahltag.«

»Ach, das habe ich schon so oft von dir gehört, und dann habt ihr es ja doch wieder geschafft. Warum sollte das jetzt anders sein?« Roland seufzt und zuckt mit den Schultern.

»Sag, Roland, haben sie dich eigentlich jemals gefragt, ob du die Firma übernehmen willst?«

Roland bleibt abrupt stehen und schaut Sabine entgeistert an. »Was ist das denn für eine Frage? Das war doch immer klar, dass ich die Leitung übernehme. Da braucht man doch gar nicht darüber zu reden!«, sagt er aufgebracht.

»Natürlich muss man darüber reden. Das ist doch nicht selbstverständlich! Noch dazu, wo das Unternehmen Jahr für Jahr Verluste macht! Du hattest doch nie die Gelegenheit, dich frei zu entscheiden! Und ich erlebe täglich, wie du dich mit Haut und Haaren engagierst und gleichzeitig so frustriert bist.«

Roland wird ärgerlich. »Darüber will ich nicht reden. Ich muss morgen um fünf im Geschäft sein. Ich kann dir nur sagen, dass es meine eigene Entscheidung war. Ende der Debatte.«

Sozialisation – so wirken unsere Eltern

Von Geburt an werden wir geprägt, in erster Linie von unseren Eltern oder jenen Personen, die uns großziehen, aber auch von anderen Bezugspersonen wie Großeltern, Onkeln oder Tanten. So lernen wir verschiedene praktische Fertigkeiten: Wir krabbeln und lernen dann aufzustehen und schließlich zu gehen. Wir erfahren, dass es schmerzhaft ist, in die kochende Suppe zu greifen, und lassen das in Zukunft bleiben. Wir lernen, unsere Schuhe zu binden, uns selbst anzuziehen, sicher über die Straße zu gehen und vieles andere mehr. Als Kind entdecken wir auch allerhand Erstaunliches: dass Wasser nicht brennt, wenn man es ins Feuer schüttet, oder dass Glas zerbricht, wenn es herunterfällt, und man sich an den Scherben schneiden kann.

Nicht zuletzt aber lernen wir soziales Verhalten, um mit den Menschen in unserem Umfeld gut umzugehen und in die Gemeinschaft integriert zu werden. Vor dem Eisgeschäft stellt sich unser Vater mit uns an, und wir schließen daraus, dass sich das so gehört und man sich nicht vordrängeln darf. Wir grüßen und stellen fest, dass der andere meist lächelt, wenn wir selbst dabei lächeln. Wir lernen zu kommunizieren, unsere Befindlichkeiten und Meinungen auszudrücken. Die Art, wie wir das tun und welchen Wortschatz wir dabei anwenden, wird wiederum von unseren Eltern und dem näheren sozialen Umfeld beeinflusst. Ganz besonders prägt uns auch, wie die Eltern ihre Liebesbeziehung vorleben – oder auch nicht. In diesem Fall lernen wir ausschließlich durch Beobachten und unbewusstes Nachahmen.

Jeder von uns wird durch seine Sozialisation ein wenig anders beeinflusst. Nicht nur andere Länder haben andere Sitten, auch jede Familie hat eigene Verhaltensweisen und typische Kommunikationsmuster, also eine ganz spezielle Familienkultur entwickelt, die von einer Generation an die nächste weitergegeben wird.

Risiken und Nebenwirkungen

Gerade das soziale Verhalten und die Kommunikation sind es aber auch, was uns oft zu schaffen macht. Wir beobachten, wie vor dem Eisgeschäft sich jemand vordrängelt, und ärgern uns: Das gehört sich doch nicht! Wir würden so etwas niemals tun! Am Arbeitsplatz stellen wir fest, dass unser Chef viel zu weich ist, um die Interessen der Abteilung durchzusetzen, und wundern uns, wie er nur Vorgesetzter werden konnte. Und die beste Ehefrau von allen lieben wir zwar sehr, doch ist es uns unbegreiflich, warum sie bei jedem, aber auch wirklich jedem Treffen zu spät dran ist. Warum, so fragen wir uns, verhalten sich die Menschen oft so seltsam?

Nun, zum einen muss gesagt werden, dass sich nicht nur die anderen seltsam verhalten, sondern auch wir selbst. Aus der Perspektive der besten Ehefrau von allen wird unser stets überpünktliches Verhalten genauso nervig und seltsam sein. Und unser Chef, der sich nicht durchsetzen kann, fühlt sich vermutlich von uns regelmäßig bedrängt und genötigt, wenn wir bei ihm nachfragen, und er wird sich ärgern. Zum anderen kann ein und dasselbe

Verhalten von anderen Menschen als sehr wohl passend empfunden werden. Jemand, der ein lockeres Verhältnis zum Thema Zeit hat, wird das permanente Zuspätkommen der besten Ehefrau von allen kaum störend finden.

Wir alle haben in unserem emotionalen Rucksack nicht nur hilfreiches, adäquates Verhalten eingepackt, sondern auch belastendes, manchmal sogar zerstörerisches. Jedes Verhalten, ob es uns adäquat oder unpassend erscheint, hat einen Hintergrund, sowohl das regelmäßige Zuspätkommen als auch das strenge Pochen auf Pünktlichkeit. Gründe dafür gibt es so viele, wie es Menschen gibt! Und auch das Beurteilen und Interpretieren eines Verhaltens hat seinen Hintergrund: Die Unpünktlichkeit der Ehefrau kann man ganz entspannt oder auch als eine Abwertung der eigenen Person betrachten. Dementsprechend unterschiedlich können auch die Folgen sein – vom freudigen Seufzen, dass sie nun endlich da ist, bis zum handfesten Streit ist alles möglich.

Immer dann, wenn wir seltsames Verhalten feststellen – bei uns selbst wie bei anderen –, können wir davon ausgehen: Wir haben es mit den Nebenwirkungen unserer Sozialisation zu tun. Nebenwirkungen sind das, was wir im sanftesten Fall als Marotte bezeichnen oder wo wir verständnislos den Kopf schütteln. Im schlimmsten Fall führen sie zu Streit, Konflikten und Krisen mit oft tragischem Ausgang.

Der entscheidende Punkt: Zum überwiegenden Teil sind wir uns dieses Verhaltens gar nicht bewusst. Vielleicht sind Sie zum Beispiel ein Mensch, der viel lächelt. Sie schütteln jemandem die Hand, schauen ihm ins Gesicht und lächeln. Im Büro kommt Ihnen auf dem Gang eine Kollegin entgegen – und Sie lächeln. Sie sitzen im Meeting, ein Kollege präsentiert die Verkaufsergebnisse – und Sie lächeln. Alles schön und gut, werden Sie nun sagen, daran ist ja nichts auszusetzen. Natürlich nicht. Doch vielleicht ist dieses Lächeln schon so sehr eine Gewohnheit geworden, dass Sie sogar dann lächeln, wenn Ihnen jemand erzählt, dass es ihm gar nicht gut geht. Dann lösen Sie vermutlich beim anderen ein Befremden aus.

Bewusstes Wahrnehmen ist der erste Schritt

Vor einiger Zeit kamen Anita und Karl zu uns in die Paartherapie. Anita ist eine temperamentvolle, manchmal auch aufbrausende Frau, Karl ist eher der ruhigere, zurückgezogene Typ – was zwangsläufig zu Konflikten führte. Sie erzählten uns von einer typischen Szene:

Anita stand auf einem Stuhl in der Küche, um die alte Kaffeemaschine von ganz oben zu holen, Karl lehnte daneben am Tisch, um ihr behilflich zu sein. Anita erzählte von den Aufregungen ihres Tages. »Stell dir vor, unsere Nachbarin hat doch tatsächlich ihren hässlichen Gummibaum fast vor unsere Wohnungstür gestellt. Was glaubt die eigentlich! Daraufhin hab ich bei ihr geläutet und mich beschwert. Und weißt du, was sie zu mir gesagt hat?« Sie stemmte die Arme in ihre Seiten und blickte auf Karl herab. »Ich soll mich nicht so anstellen, hat sie gemeint. Das darf doch nicht wahr sein!« Anita fuchtelte mit ihren Armen durch die Gegend, um ihren Worten das nötige Gewicht zu geben.

Karl nahm die Kaffeemaschine entgegen, stellte sie ab und blickte dann von unten zu seiner Freundin empor. »Ich sag dir«, fuhr Anita fort, »ich hab geglaubt, ich tu ihr gleich etwas. So eine Frechheit!« Und während sie sich weiter aufregte, wurde ihre Stimme lauter und schriller. Karl schwieg, und es wurde ihm immer unbehaglicher zumute. Als Anita mit großen Gesten andeutete, was sie der Nachbarin am liebsten antun würde, wurde Karl immer bleicher. »Brauchst du mich noch?«, fragte er leise, und ohne eine Antwort abzuwarten, flüchtete er in sein Arbeitszimmer. Anita war verdutzt, dann folgte sie ihm. »Was ist los mit dir? Ich erzähle dir, wie sehr ich mich aufregen musste, und du verschwindest einfach?« Doch Karl zuckte nur hilflos mit den Schultern und beugte sich über die Bildschirmtastatur.

Für Anita war Karls Verhalten völlig unangemessen. Sie fühlte sich unverstanden und konnte nicht begreifen, dass Karl so gar nicht Anteil nehmen konnte an ihrem Ärger. Solche Szenen erlebten die beiden immer wieder: Anita brauste auf, Karl zog sich zurück. Als Paartherapeuten haben wir einen Begriff für dieses Verhalten, wir bezeichnen es als dynamisches Duett zwischen Hagelsturm und Schildkröte (Details darüber können Sie in unserem Buch »Leih mir dein Ohr und ich schenk dir mein Herz« nachlesen). Der Hagelsturm, das ist Anita. Ganz nach dem Motto »Angriff ist die beste Verteidigung« geht sie mit ihrer Energie nach außen. Es ist eine schnelle, unbewusste Reaktion, ähnlich wie im Tierreich, wo ein Raubtier bei Gefahr angreift. Der Gegenpol ist die Schildkröte, in unserem Fall Karl. Auch seine Reaktion ist unbewusst: Er zieht sich bei Gefahr in seinen Panzer zurück und schweigt.

Solange beiden ihr Verhalten nicht bewusst war, wiederholten sich diese Situationen immer wieder. Erst durch das Wahrnehmen kam Bewegung in das Beziehungsmuster, denn so konnten sie in weiterer Folge darüber nachdenken, wie es zu diesem Verhalten kam. Karls Mutter war eine große, mächtige Frau. Sie schlug ihn, wenn sie zornig war, oft genug hat sie ihn richtig verhauen, wenn sie ganz außer sich war. Diese Erlebnisse haben in Karls Gehirn schon als kleines Kind eine deutliche Spur gezogen. Als er nun Anita von unten beobachtete, wie sie sich wild gestikulierend ärgerte, setzte Karls Filter ein und er sah einen Moment lang eine übermächtige Frau, die die Hand erhebt. Ein Funke der alten, kindlichen Angst vor der Mutter drang durch und sorgte dafür, dass sich Karl völlig zurückzog. In diesem Augenblick war sich Karl dessen natürlich gar nicht bewusst. Die Reaktion auf die Situation geschah unwillkürlich, ohne dass dabei das Bewusstsein eingeschaltet wurde.

Nicht nur Missverständnisse und Konflikte können vermieden werden, wenn man sich sein Verhalten und dessen Hintergründe bewusst macht. Es hilft, sich selbst besser kennenzulernen und zu verstehen und sich anzunehmen – und das wiederum stärkt unser Selbstvertrauen, sodass wir liebevoller und sorgsamer mit uns umgehen können. Eine bewusste Selbstwahrnehmung sorgt auch dafür, anderen gegenüber toleranter zu sein. Denn wer sich klarmacht, dass er selbst manchmal für andere seltsam wirkt, kann das »komische« Verhalten anderer leichter aushalten. Noch einen Vorteil hat das Bewusstmachen: Es gibt uns das Gefühl, das Leben aktiv gestalten zu können und sowohl privat als auch beruflich mehr Freude zu haben.

Wir nehmen wahr, was uns vertraut ist

Sie kennen das vielleicht: Sie kaufen sich ein neues Auto, es ist ein rotes Cabrio – und ab diesem Zeitpunkt fällt Ihnen auf, wie viele rote Cabrios es eigentlich auf der Straße gibt. Genauso ist es, wenn Sie gerade fasten und dabei feststellen, dass Sie von Schweinsbratenduft und Imbissbuden geradezu verfolgt werden. Oder Sie wünschen sich ein Baby und plötzlich sehen Sie an jeder Ecke schwangere Frauen. So ein Zufall!

Nun, Zufall ist es weniger. Vielmehr ist es so, dass wir grundsätzlich das vorrangig wahrnehmen, was uns gerade beschäftigt. Das, was wir kennen, nehmen wir eher wahr als Unbekanntes. In der Gestaltpsychologie spricht man von Vordergrund und Hintergrund: Unser Filter ist geprägt durch unsere Erfahrungen und unsere Geschichte und stellt daher das Entsprechende in den Vordergrund. Manchmal ist uns dieser Vorgang bewusst und wir begrüßen ihn auch: Wer Hunger hat, ist froh, dass der Wahrnehmungsfilter mögliche Nahrungsquellen aufspürt.

Es kann jedoch passieren, dass durch einen bestimmten äußeren Reiz etwas aus dem Hintergrund in den Vordergrund gerückt wird, das nicht hilfreich ist. So ist es Karl ergangen. Das Bild seiner Mutter aus seinen Kindertagen existierte im Hintergrund, bis es durch Anitas bedrohlich wirkendes Verhalten in den Vordergrund geholt wurde und bei Karl eine unbewusste Reaktion hervorrief. Hätte er diese alte Erfahrung mit seiner Mutter nicht, hätte er vielleicht Anitas temperamentvolle Schilderung anders bewertet. Er hätte sie nicht als Angriff gegen sich interpretiert, sondern hätte sich stattdessen gefreut, dass er eine so heißblütige Freundin hat.

Nicht nur optische und akustische Reize rücken alte Geschichten in den Vordergrund, die uns hinderlich sind, auch Gerüche und andere Sinneswahrnehmungen können alte Erinnerungen unbewusst auslösen. Gudrun, eine temperamentvolle Mittdreißigerin, traf sich an einem Nachmittag mit ihrer Freundin Susi in einem gemütlichen Café. Wie immer plauderten sie angeregt miteinander, doch irgendwie schwand Gudruns gute Laune bald. Auf dem Heimweg war sie bedrückt und es plagten sie Ängste, ihr Mann könnte sie verlassen – ein Gedanke, der absurd war, denn sie hatten eine gute Beziehung. Zu Hause sprach sie mit ihrem Mann darüber, und sie fragten sich, ob der Stimmungsumschwung etwas mit dem Treffen mit Susi zu tun haben könnte. Gudruns Mann schlug ihr vor, sich doch noch einmal zu treffen, um der Sache auf den Grund zu gehen.

Gesagt, getan. Gudrun traf sich mit Susi bald wieder, Gudruns Mann begleitete sie. Wiederum war es ein herzliches und gutes Gespräch, und wieder spürte Gudrun bald diese Gedrücktheit und sie zog sich ein wenig zurück, dachte nach und hörte den beiden zu. Plötzlich fiel ihr etwas auf: »Susi, hast du ein neues Parfum?« »Ja«, antwortete die Freundin, »seit zwei Wochen trage ich Chanel No. 5.« Mit einem Schlag war Gudrun klar, dass es da einen Zusammenhang geben musste, denn sie hatte sofort Bilder aus ihrer Kindheit vor Augen.

In der Therapie besprachen wir diese Bilder und kamen der Sache auf den Grund. Gudrun hatte eine sehr liebevolle Mutter, die sich um sie kümmerte, während der Vater viel arbeitete. Sie lebten in bescheidenen Verhältnissen, doch einmal im Monat gönnten sich die Eltern einen Opernabend. Da sie nicht genug Geld hatten, um einen Babysitter zu engagieren, ließen sie die kleine Gudrun allein zu Hause. Die Mutter brachte sie zu Bett, deckte sie zu und beugte sich über sie, um ihr einen Kuss zu geben, und Gudrun roch den dezenten Duft von Chanel No. 5, den die Mutter immer nur zu diesen besonderen Anlässen auftrug. Dann gingen die Eltern, und Gudrun war allein in der leeren Wohnung und fürchtete sich jedes Mal schrecklich, weil sie – phantasiebegabt wie alle Kinder in diesem Alter – bedrohliche Schatten hinter dem Vorhang erspähte und sicher war, dass unter dem Bett der böse Mann nur darauf wartete, sie am Bein zu fassen. Jedes Knacken der Möbel wurde zum Beweis, dass in der Wohnung Unheimliches geschah. Weil sie jedoch spürte, dass ihre Mutter diesen freien Abend brauchte, beschloss sie, tapfer zu sein und mit ihren Ängsten allein fertigzuwerden.

Gerüche gehen auf dem direkten Weg ins Gehirn und lösen dort alte Erinnerungen unbewusst aus. Deshalb hatte Gudrun keine Ahnung, warum sie die Begegnung mit ihrer Freundin neuerdings so niederdrückte. Der Geruch von Susis Parfum war es, der sie unmittelbar in ihre Kindheit führte und unbewusst diese Ängste und die Unruhe wachrief, die sie als Kind erlebt hatte. So schnell kann es gehen: Ein vertrauter Geruch, und schon holt einen die alte Geschichte ein und man verhält sich »seltsam«.

Das Unwillkürliche ist immer schneller als das Willkürliche

Haben Sie schon einmal versucht, bewusst zu gehen? Sie stellen sich hin und beschließen, einen Schritt zu machen. Sie sagen Ihrem rechten vorderen Oberschenkelmuskel, er solle sich anspannen und das Knie nach oben ziehen. Anschließend ziehen Sie den Unterschenkel ein Stück nach vorn. Schließlich sagen Sie Ihrem Bein, es solle sich nun absenken, bis Ferse und Fußsohle wieder den Boden berühren. Stellen Sie sich vor, ein Auto käme in rasender Geschwindigkeit auf Sie zu und Sie müssten ganz schnell flüchten. Wenn Sie jeden einzelnen Schritt so genau durchdenken und Ihren Muskeln einzelne Befehle weitergeben müssten, würden Sie es vermutlich nicht bis zum Straßenrand schaffen.

Daher gibt es in unserem Gehirn Areale, in denen solche Handlungen multipel verschaltet und abgespeichert sind, sodass sie ohne Einschalten unseres Bewusstseins ablaufen können. Alle automatischen Handlungen sind hier repräsentiert, nicht nur das Gehen und Laufen. Auch Routineaufgaben wie Zähneputzen oder Autofahren gehören dazu.

Reaktives Verhalten ist unbewusst, es wird in unserem ältesten Gehirnteil gesteuert, dem Stammhirn. Es kennt nur zwei Zustände, nämlich Gefahr und Sicherheit – und löst bei Gefahr blitzschnell das entsprechende reaktive Verhalten aus. Die Großhirnrinde und der Stirnlappen, jene Teile im Gehirn, die für bewusstes Handeln zuständig sind, werden dabei umgangen. Das ist sehr sinnvoll: Bei Gefahr können wir uns äußerst effektiv verhalten und zwar je nachdem, welches reaktive Verhalten vorrangig angelegt ist: Angriff, Flucht, Erstarren oder Unterwerfung.

Wir haben weiter oben schon am Beispiel von Anita und Karl beschrieben, was wir unter Hagelsturm- und Schildkröten-Verhalten verstehen. Sie entsprechen genau diesen vier reaktiven Verhaltenstypen: Der Hagelsturm geht mit der Energie nach außen, er greift an oder flüchtet; die Schildkröte geht mit der Energie nach innen, sie stellt sich tot oder unterwirft sich.

Reaktives Verhalten bewusst machen

Wenn wir nun Wahrnehmung und Reflex kombinieren, können wir auch verstehen, warum Karl sich in obigem Beispiel so verhalten hat und nicht anders. Er sieht Anita auf dem Stuhl wild gestikulieren, und es prasseln ihre Emotionen von oben auf ihn herunter. In seiner Wahrnehmung schiebt sich für einen Moment die alte Geschichte in den Vordergrund – seine wütende Mutter –, und im Bruchteil einer Sekunde wird er zum kleinen Kind, das die übermächtige Mama vor sich sieht – und schon wird sein automatisches, reaktives Verhalten ausgelöst, das er als Kind gelernt hat: Er erstarrt, und dann zieht er sich möglichst unauffällig zurück. Bei seiner Mutter war das aus der

Sicht des Kindes das einzig richtige Verhalten. Niemals hätte er gegen die Mutter aufbegehren können. Schließlich war sie es auch, die sich alleine um ihn gekümmert hat. Wäre er zum Gegenangriff übergegangen, hätte er sie – aus kindlichem Verständnis heraus – womöglich ebenfalls verloren und er wäre ganz allein gewesen.

Inzwischen ist Karl längst erwachsen geworden und lebt nicht mehr bei seiner Mutter, sondern mit Anita zusammen. Nur dieses Verhalten, das hat er beibehalten, und obwohl Anita nun wirklich keinerlei Gefahr für ihn darstellt, reagiert er immer noch so, wie er als Kind reagierte. Dass die beiden in die Paartherapie kamen, zeigt, dass sie bereit waren, etwas an ihrem Verhalten zu ändern. Aber wie?

Reaktives Verhalten ändert man, indem man es ins Bewusstsein ruft, und dafür ist uns ein Bereich im Gehirn besonders behilflich: der Stirnlappen. Wie der Name schon erahnen lässt, befindet sich dieses Areal hinter der Stirn. Es ist der Sitz wichtiger kognitiver Fähigkeiten und ermöglicht, Situationen aus verschiedenen Perspektiven zu sehen, uns empathisch in andere Menschen hineinversetzen zu können oder unser eigenes Verhalten zu reflektieren. Es hilft uns, Visionen und Ziele zu entwickeln, gestern, heute und morgen zu unterscheiden und flexibel auf veränderte Situationen einzugehen.

Als Anita und Karl einen unserer Imago-Paarworkshops besuchten und wir das Verhalten von Schildkröte und Hagelsturm erklärten, wurde beiden so einiges klar. »Jetzt verstehe ich, warum ich mich über diesen Streit mit der Nachbarin so aufregen musste. Ich bin ein Hagelsturm!«, platzte es mitten in unserem Vortrag aus Anita heraus. Karl reagierte in Schildkröten-Würde: Er blieb zunächst stumm, dann lächelte er und erst in der Pause konnte er sich dazu äußern.

Ausflüchte, um sich nicht verändern zu müssen

Inadäquates, zerstörerisches Verhalten zu verlernen heißt, den Stirnlappen einzuschalten und sich mit den dahinterliegenden Ängsten auseinanderzusetzen. Das ist unbequem und anstrengend und mitunter braucht man Geduld, denn altes Verhalten muss durch neues ersetzt werden – bis das neue Verhalten zur Selbstverständlichkeit wird, das kann schon mal dauern. Will man beispielsweise sein Essverhalten ändern, braucht man drei Jahre, bis es zur Selbstverständlichkeit wird. Oft ist es auch sehr schmerzhaft, sich den Erfahrungen aus der Kindheit zu stellen, wenn alte Wunden aufgebrochen werden.

Keine Frage, die Risiken und Nebenwirkungen, die wir in keinem Eltern-Beipackzettel finden können, zu beseitigen, hat einen entscheidenden Vorteil: Hat man die Anstrengung überstanden, ist man von den Nebenwirkungen befreit und kann sein Leben aktiver nach eigenen Vorstellungen gestalten. Zuvor möchten wir noch mit den drei häufigsten Ausflüchten aufräumen, die uns in unserer Praxis immer wieder begegnen.

Die anderen sind schuld oder: Was hat das Problem mit mir zu tun? Die 90-10-Regel

Immer wenn Anita ihren Hagelsturm-Ausbruch bekam und Karl sich in seinen Panzer zurückzog und in sein Arbeitszimmer flüchtete, dachte er: »Warum führt sie sich immer so auf? Das nervt mich so sehr! Jedes Mal dasselbe. Sie macht unsere ganze Beziehung kaputt!«

Als die beiden im Laufe der Paartherapie den Dingen auf den Grund gingen, wurde Karl klar: »Es war für mich eigentlich immer sehr bequem, Anita als die Schuldige hinzustellen. So musste ich mich gar nicht weiter mit meinem eigenen Verhalten auseinandersetzen. Anstatt darüber nachzudenken, habe ich mich zurückgezogen, ihr die Schuld gegeben und Mauern aufgezogen, indem ich eisern schwieg. Heute kann ich erkennen, dass diese Mauern eigentlich meiner Mutter gelten und sie deshalb gar nicht mehr notwendig sind.«

Karl hat verstanden, was das Problem mit ihm selbst zu tun hat, welchen Anteil der Verantwortung er zu übernehmen hat. Und das Thema Schuld haben sie beide ad acta gelegt – Schuldzuweisungen bringen niemanden weiter. Nur wenn beide ihren Teil der Verantwortung wahrnehmen und entsprechende Schritte setzen, kommen sie gemeinsam ans Ziel.

Eine der hilfreichsten Regeln gegen die »Du bist schuld"-Überzeugung ist die 90-10-Regel, wie wir sie in unserem ersten Buch »Leih mir dein Ohr und ich schenk dir mein Herz« ausführlich beschrieben haben. Sie basiert auf der Annahme, dass die Partnerin bzw. der Partner nur Auslöser in einer Situation ist, der alte Erfahrungen aus unserem Gedächtnis hervorholt, in den Vordergrund stellt und schließlich unser reaktives Verhalten auslöst. Das heißt: Jede frustrierende Situation sagt mehr über uns selbst aus als über unsere Beziehung. Wir können daher mit Fug und Recht 90 Prozent unseren eigenen Erfahrungen zuschreiben, 10 Prozent der aktuellen Situation, die unsere Partnerin, unser Partner ausgelöst hat.

Wenn wir also wahrhaftig eine Veränderung in unserem Beziehungsverhalten anstreben, ist es sehr sinnvoll, sich die 90 Prozent näher anzusehen. Nur so konnte Karl aus seiner Opferrolle herausfinden und erkennen, dass sein Teil der Verantwortung darin liegt, dass er Anita unbewusst mit seiner Mutter verwechselt. Im Laufe der Therapie gelang es ihm zu erkennen, dass Anitas Verhalten für ihn keine Bedrohung sein kann, er konnte sogar den Vorteil sehen: indem sie die Nachbarin attackierte, hat sie schließlich auch ihr gemeinsames Terrain verteidigt. »Anita ist meine Verbündete«, sagte er. »Ich habe sie mir ausgewählt. Manchmal ist sie aufgeregt, weil auch sie manchmal Angst hat. Doch als Team sind wir gut unterwegs. Es gilt, meinen alten Beschluss umzuwandeln in einen neuen: Wenn mir Anitas Temperament zu viel wird, werde ich mit ihr in Ruhe darüber reden, anstatt mich in meinem Panzer zu verkriechen.«

Aber ich hatte doch eine glückliche Kindheit!

»Warum soll ich immer alles auf meine Kindheit schieben, wenn ich heute ein Problem habe, vor allem, wenn das Beziehungsprobleme sind. Meine Kindheit war doch schön!«, hören wir immer wieder in unserer Praxis. Ja, Menschen, die ihrem Beruf nachgehen, die im Leben Orientierung haben und ein Dach über dem Kopf, die hatten auch eine gute Kindheit. Sie sind von ihren Eltern ausreichend genährt worden, sowohl körperlich als auch seelisch und wurden im Rahmen ihrer Erziehung gefördert und gefordert.

Eine gute, vielleicht sogar glückliche Kindheit gehabt zu haben, bedeutet aber nicht, dass sie perfekt war. Denn das Leben ist nun mal nicht perfekt, man braucht sich nur umzusehen: Die einen haben ein wehes Bein, die anderen eine winzige Wohnung, andere wiederum haben Nachbarn, die ständig Lärm machen, oder eine Schwiegermutter, die ein Pflegefall ist. Es gibt unzählige Umstände, in denen nicht alles rund läuft. Genauso gibt es niemanden, der eine wirklich perfekte Kindheit hatte, so ganz ohne Risiken und Nebenwirkungen, und das ist auch gut so. Denn die vielen kleinen Widrigkeiten haben uns stark gemacht, sodass wir vieles gut aushalten können!

Ich habe ja nur den falschen Partner

Man kann bei einer Ehescheidung oder Trennung nicht wirklich von Bequemlichkeit sprechen, und doch: Viele Paare trennen sich lieber, als dass sie sich auf den Weg machen, einen neuen Blick auf ihre Beziehung zu finden und zu verstehen, warum sie so und nicht anders handeln. Ähnlich ist es auch bei Konflikten zwischen den Generationen. Lieber hält man den Deckel über schwelende

Konflikte, als sie auf den Tisch zu legen. In alten, zerstörerischen Mustern zu verharren, scheint vordergründig bequemer zu sein, als den Hintergründen nachzugehen. Moshé Feldenkrais, der Erfinder der Feldenkrais-Methode, hat es auf den Punkt gebracht: »Leiden ist leichter als Lösen.«

Die Scheidungsrate im deutschsprachigen Raum liegt etwa bei 50 Prozent, steigt in den Städten stark an und ist damit so hoch wie nie zuvor. Das bedeutet aber nicht, dass Beziehungen heute viel schlechter sind als früher, sondern nur, dass man überhaupt die Möglichkeit hat, auf diese Art vor Problemen zu flüchten. Scheinbar ist das der einfachere Weg, jedoch nur scheinbar. Denn auch hier gilt die 90-10-Regel: 90 Prozent des Problems haben mit der eigenen Geschichte, den eigenen frühen Verletzungen und Erfahrungen zu tun. Die nehmen wir auf jeden Fall mit in die nächste Beziehung. Wir trennen uns von einem Menschen, doch wir nehmen das Problem in Wahrheit mit. Ähnlich ist es bei Konflikten mit Eltern und Kindern oder zwischen Geschwistern: indem die Decke des Schweigens über das Problem gebreitet wird, verschwindet es nicht, sondern taucht in ähnlichen Situationen immer wieder auf – und das setzt sich in den nächsten Generationen fort.

Den Deckel draufzuhalten oder sich zu trennen, ist für den Moment eine große Erleichterung, zugegeben. Doch ist sie nur von relativ kurzer Dauer. Sich seiner typischen Verhaltensmuster bewusst zu werden, ist der Weg, der auf Dauer Heilung verschafft.

Die guten Geister der Veränderung

Ein guter Wille zur Veränderung und ein Quäntchen Mut sind die Voraussetzung, um Neues überhaupt möglich zu machen und die Gestaltung der Zukunft nicht länger den eigenen reaktiven, unbewussten Handlungen zu überlassen. Wenn Sie dazu bereit sind, haben wir noch drei Anregungen für Sie, die Ihnen auch noch den nötigen langen Atem bescheren.

Liebe zu sich selbst und den betroffenen Menschen

Als Anita bewusst wurde, wie sehr ihr Verhalten einem Hagelsturm gleicht, bemühte sie sich natürlich, sich mehr zurückzunehmen. Allerdings gelang ihr das nicht so einfach. Immer wieder kam sie mit hängendem Kopf bei der Praxistür herein. »Ach, ich war schon wieder ein Hagelsturm. Es ist einfach unmöglich, mit mir zu leben«, sagte sie ganz zerknirscht. Als wäre es so einfach, ein Verhalten, das man ein Leben lang einstudiert hat, von heute auf morgen loszuwerden! Auch Karl war unzufrieden: »Was soll ich mit einer Frau, die zwar weiß, dass sie ein Hagelsturm ist, die sich aber selbst jedes Mal geißelt. Ich bin ja auch immer noch eine Schildkröte und komme nicht los davon.«

Wir baten die beiden, geduldig zu sein. Jedes Mal, wenn sie feststellten, dass sie wieder in ihr altes Muster zurückgefallen waren, sollten sie innehalten, sich der Situation bewusst werden und dann gemeinsam überlegen, welche

Handlungsalternativen sie hätten. Das versuchten sie, und es war anfangs gar nicht so einfach. Doch nach kurzer Zeit konnten sie sogar schon über sich selbst lachen. Sie erzählten uns, dass sie sich in einer ähnlichen Situation wiederfanden wie damals mit der Kaffeemaschine, nur dass diesmal Karl oben auf dem Stuhl stand und Anita unten. Anita begann von einem Ereignis zu erzählen und wurde immer lauter, so wie damals. Als sie sich ihre Lage vergegenwärtigten, sagte Karl: »Ein Glück, dass ich heute auf dem Stuhl stehe. So kann ich nicht in mein Arbeitszimmer flüchten.« Und dann mussten sie beide lachen.

Es ist so wichtig, sich mit all seinen Eigenarten anzunehmen und zu sich selbst liebevoll zu sein – und natürlich auch den anderen gegenüber. Und Humor ist natürlich die beste Würze, mit der selbst bittere Kost gut schmeckt.

Der Theaterblick

Um unser Verhalten wahrzunehmen, stehen wir uns manchmal selbst im Licht. Viel zu sehr fühlen wir uns umgeben von Gründen, warum wir uns so und nicht anders verhalten. Ein kleiner Trick hilft, eine Meta-Position einzunehmen und sich so quasi aus der Vogelperspektive zu betrachten:

Stellen Sie sich vor, Ihr Leben, Ihre Beziehung würde auf einer Bühne aufgeführt werden. Sie selbst sind Besucher und sitzen in einer Loge in der ersten Reihe und betrachten das Geschehen auf der Bühne. Normalerweise können Sie im Alltag nur Ihren eigenen Blickwinkel wahrnehmen. Hier, in der Loge, sehen Sie alle Akteure. Sie sehen nicht nur die anderen, sondern auch sich selbst und die verschiedenen Handlungen.

Ein kleines Beispiel: Am Abend treffen sich zwei vertraute Menschen, und der eine beschwert sich. »Du hast mich nicht liebevoll begrüßt«, sagt er. Wir bitten beide, in der Loge Platz zu nehmen und sich die Siutation als Bühnenstück anzusehen. Plötzlich sagt die eine Person: »Oh, da gab es doch eine Szene vor dieser Situation, die ist relevant!« Diese Szene spielte sich am Morgen desselben Tages ab, als sich beide verabschiedeten, um zur Arbeit zu gehen, und die eine Person der anderen noch einen saftigen Vorwurf mit auf den Weg gab. »Ist ja kein Wunder, dass sie mich nicht liebevoll begrüßt hat«, war schließlich die Erkenntnis.

Den Theaterblick einzunehmen bedeutet nicht, das Verhalten des anderen zu entschuldigen oder sich selbst zu geißeln, sondern es soll die Situation aus einer neutralen Perspektive betrachtet werden. Er hilft, mehr darauf zu achten, was tatsächlich passiert ist, wer welche Handlungen gesetzt hat.

Das Gegenteil des Theaterblicks wäre, stunden- oder gar tagelang darüber zu grübeln, warum der andere einem »das angetan hat« oder warum man sich »so blöd benommen hat". Das hilft niemandem weiter, im Gegenteil: Man vergräbt sich immer weiter im Sumpf und kommt immer schwerer wieder heraus.

Selbstverhinderer entlarven

Wir tun auf der einen Seite vieles, um die Liebe zu bekommen, nach der wir uns so sehr sehnen. Andererseits tun wir aber auch vieles, um unsere größten Wünsche zu verhindern. Das passiert, weil wir uns im tiefsten Inneren davor fürchten, dass sich eine alte Geschichte reinszeniert. Diese negativen Gedanken ziehen so viel Energie ab, dass diese alte Geschichte dann erst recht passiert.

Doch wir sind nicht auf die Welt gekommen, um unser Leben lang in schmerzhaften Erfahrungen gefangen zu sein, sondern um uns weiterzuentwickeln, um negative Geschichten umzuwandeln und uns und unsere Partner zu heilen. Daher ist es wichtig herauszufinden, was wir dazu beitragen, dass etwas nicht so gut läuft, wie wir uns das wünschen. Der Theaterblick ist eine gute Hilfe dazu – wir laden Sie ein, ihn gleich anhand der folgenden Fragen einmal auszuprobieren:

- ☞ Was ist das, was ich mir in meiner Beziehung momentan am meisten wünsche? Wenn Sie derzeit single sind, holen Sie sich eine Situation aus Ihrer letzten Liebesbeziehung auf die Bühne.
- ☞ Was mache ich alles, damit das, was ich mir wünsche, auch geschieht?
- ☞ Wie mache ich es meinem Partner bzw. meiner Partnerin schwer, sodass das, was ich mir wünsche, nicht passiert?
- ☞ Von wem aus meinem früheren Leben habe ich mir dieses Verhalten abgeschaut? Das können die Mutter, der

Vater, die ältere Schwester bzw. der ältere Bruder, die Großeltern, die Stiefmutter, der Stiefvater etc. sein. Lassen Sie sich bitte viel Zeit, um diese Frage zu beantworten, denn es gibt ganz bestimmt ein Vorbild, auch wenn es Ihnen nicht gleich einfallen sollte.

☞ Welchen Schritt bin ich bereit zu tun, um es meiner Partnerin bzw. meinem Partner leichter zu machen, sodass mein Wunsch erfüllt wird? Versuchen Sie diesen Schritt konkret, positiv und wertschätzend zu formulieren.

Laden Sie anschließend Ihre Partnerin bzw. Ihren Partner oder eine andere Vertrauensperson ein, sich darüber auszutauschen. Anita und Karl haben diese Fragen auch miteinander besprochen. Sie sagte, sie wünsche sich nichts mehr, als dass Karl am Abend nach Hause kommt und ihr sagt, wie sehr er sie liebt, und dass sie ihm abgegangen ist. Auf unsere Nachfrage wurde ihr klar, dass sie es ihm oft schwer machte, weil sie ihm regelmäßig Vorwürfe macht und wie ein Hagelsturm über ihn hinwegfegt. Sie stellte fest, dass sie damit ihrem Vater ähnlich war, der oft sehr laut und aggressiv sprach. Der Theaterblick machte es Anita außerdem möglich, ein anderes Verhalten zu definieren, das sie dann auch umsetzen konnte: »Ich werde eine Woche lang Karl, wenn er am Abend nach Hause kommt, genau so begrüßen, wie er es sich wünscht, und ihm sagen, was ich an ihm schätze.«

Hinter den Kulissen

Roland, 54 Jahre

Meine Eltern hatten eine Fleischerei, die sie erfolgreich führten und zu einer bekannten Marke entwickelten. Die Fleischerei Bösel war in Wien für die gute Qualität von Fleisch und Wurst und die freundliche Bedienung beliebt. Als ich Anfang 20 war, hatte der Betrieb 140 Mitarbeiter. Doch die Zeiten wurden schwieriger, die Gewinne schrumpften. Trotzdem stand es für mich überhaupt nicht zur Debatte, ob ich die Firma übernehme. Denn es war in meiner Familie einfach so vorgesehen.

Als ich zur Welt kam, hatten meine Eltern bereits drei Töchter. Mein Vater war damit glücklich. Meine Mutter wünschte sich jedoch einen »Stammhalter«, nicht zuletzt aus Liebe zu ihrem Mann, und so wurde schon vor meiner Geburt die Bedeutung des »Stammhalters« manifestiert. Als ich dann endlich geboren wurde, war die Freude groß. »Als du zur Welt kamst, haben wir gleich die Blasmusik aufspielen lassen«, hörte ich später. Oder: »Als du geboren wurdest, wurde in der Fleischerhalle über den Lautsprecher verlautbart, dass wir Herrn Bösel zu seinem Sohn gratulieren.« Die Mitarbeiter der Firma wollten angeblich sogar eine Fahne hissen, doch das hat meine Mutter dann doch zu verhindern gewusst. Man stelle sich nur die Herabwürdigung für meine Schwestern vor – als wäre eine Tochter nicht ebenso viel wert wie ein Sohn!

Alle redeten darüber, dass ich als Stammhalter eines Tages das Unternehmen leiten würde. Niemand stellte das in Frage. Dass meine Schwestern übernehmen könnten, stand überhaupt nicht zur Diskussion. Mein beruflicher Weg war festgelegt und damit auch meine schulische Laufbahn. Wenn ich schlechte

Noten heimbrachte, sagte meine Mutter: »Ach, als Fleischer brauchst du ohnehin kein Latein.« Das Leben meiner Eltern konzentrierte sich aufs Unternehmen, und ich sollte das genauso tun. Eine meiner Schwestern sagte einmal sehr treffend: »Bei uns zu Hause war die Firma das wichtigste Kind.«

Ich hatte dadurch überhaupt keine Wahrnehmung für meine Entwicklung, ich dachte keine Sekunde darüber nach, so selbstverständlich war es für mich, das »wichtigste Kind der Familie« zu übernehmen. Deshalb reagierte ich auch verärgert auf Sabines Frage – eine äußerst berechtigte Frage im Übrigen: »Haben sie dich jemals gefragt, ob du die Firma übernehmen willst?«

Sabine war einerseits stolz darauf, dass die Fleischerei einen so guten Ruf hatte. Doch sie sah auch, wie gedrückt und frustriert ich war, wie sehr das Unternehmen an meinen Energien zehrte. Sabine stellte diese Frage nicht nur einmal. Seit dieser Party im Jahr 1982 fragte sie immer wieder, und sie regte auch an, mir das Thema in einer Psychotherapie näher anzusehen. Doch weil ich regelmäßig zornig wurde, hörte sie irgendwann damit auf. Erst als ich drei Jahre später – wir hatten in der Zwischenzeit geheiratet – die Diagnose Tumor gestellt bekam (er stellte sich später als gutartig heraus), tauchte diese Frage wieder auf. Diesmal war es mein sehr geschätzter Homöopath Dr. Zeiler, der mir empfahl, was Sabine mir schon lange nahegelegt hatte: eine Psychotherapie zu beginnen. Dass ich die Autorität eines Arztes brauchte, um mich dazu zu entschließen, hat Sabine zu Recht ein wenig geärgert.

Ich hatte aber auch viel zu verteidigen. All die Männer, die eine Psychotherapie ablehnen, verstehe ich sehr gut, denn: Wir hatten doch eine glückliche Kindheit, da muss man doch nicht darüber reden. Und man muss sie daher mit allen Mitteln verteidigen, ebenso wie ich auch meine Mutter verteidigen musste, niemand durfte da kritisieren! Ein Glück, dass ich mir eine Frau ausgesucht habe, die mich mit dieser entscheidenden Frage konfrontierte und die nicht lockerließ. Sie sorgte dafür, dass ich meinen Stirnlappen einschaltete, um in der Theaterloge Platz zu nehmen und die Familie Bösel samt Unternehmen aus der Distanz zu betrachten.

In der Therapie wurde mir bewusst, wie sehr es mir Angst machte, wenn es dem »wichtigsten Kind« schlecht ging. Wenn es sterben würde, würde ich das womöglich auch! Ich lernte, mich und das Unternehmen auf getrennte Ebenen zu stellen. Und noch etwas Wichtiges lernte ich: dass es im Leben darum geht, für sein eigenes Glück zu sorgen und nicht für das der Eltern.

Indem mir diese Dinge bewusst wurden, konnte ich eine eigene Entscheidung treffen: Ich würde das Unternehmen weiterführen, aber auf meine Weise, nämlich mit dem Fokus auf Ökologie. Gemeinsam mit meiner Schwester Roswitha führte ich den Betrieb, bis wir zu der Entscheidung kamen, ihn zu schließen. So wurde für mich Raum geschaffen, etwas anderes in meinem Leben zu tun. Ich hatte zu diesem Zeitpunkt schon mit der Ausbildung zum Psychotherapeuten begonnen, denn mir war in der Zwischenzeit klar geworden, was ich wirklich gut kann: andere Menschen zu begleiten und sie zu ihren inneren Schätzen zu führen.

Diesen Prozess der Selbstfindung nahm ich auf mich aus reiner Verpflichtung mir gegenüber und vielleicht auch, um meinen Kindern ein gutes Vorbild zu sein. Ich wollte vorleben, das zu tun, was man selbst tun möchte, und nicht das, was sich andere erwarten. Diesen neuen Lebensabschnitt zu beginnen, war ein reiflich überlegter Schritt, den ich nicht hätte machen können, hätte ich meinen Stirnlappen nicht eingeschaltet und mir mein Verhalten bewusst gemacht. Auch mein Vater entband mich Jahre später in gewisser Weise von dem Auftrag, für den Familienbetrieb verantwortlich zu sein. Er sagte: »Ich verstehe, dass du dich dafür entschieden hast, das Unternehmen zu beenden. Vergessen wird es nie sein, aber es zählt nicht mehr.« Im Herzen war er sicher glücklich und dankbar, dass sein Sohn seinen eigenen Weg gefunden hat.

Nicht das Leben, das Überleben ist kompliziert

Beipackzettel

Gebrauchsinformation: Dieses Kapitel ist ein starkes Mittel, das Ihre Selbstheilungskräfte mobilisiert. Es hilft Ihnen, bei seltsamem Verhalten den Stirnlappen einzuschalten, um aktiv konkrete Schritte zur Verbesserung Ihres Verhaltens zu setzen. Möglicherweise müssen Sie dieses Kapitel zwei Mal lesen, um die gewünschte Wirkung zu erzielen.

Risiken und Nebenwirkungen: Stellen Sie sich darauf ein, dass Sie ab nun nie wieder reinen Gewissens die Schuld für Krisen ausschließlich anderen geben können. Auch werden Ihnen Ausreden abhandenkommen, die Sie bislang parat hatten, um alles beim Alten zu lassen.

Zwei Mal Sex, zwei Mal Leben

Sabine und Roland, 36 Jahre alt, in ihrer Wohnung in Wien

Nach einem schönen Theaterabend kommen Sabine und Roland nach Hause. Roland geht in sein Arbeitszimmer und checkt noch kurz etwas am Computer. Sabine zieht sich ins Badezimmer zurück, um sich für die Nachtruhe zurechtzumachen. Als Sabine fast fertig ist, kommt Roland ins Bad und sieht seine Frau, gewaschen und geputzt, aber mit einem ausgeleierten T-Shirt und einer verwaschenen Pyjamahose bekleidet, vor dem Spiegel stehen.

»Na bravo«, platzt es aus ihm heraus, und er begutachtet mit düsterer Miene Sabines Outfit, »so habe ich mir das Ende eines eleganten Theaterabends vorgestellt.«

»Was willst du? Es ist spät und im Bett sieht mich doch keiner. Außerdem dürfte dir entgangen sein, dass ich im Theater halterlose Strümpfe anhatte. Das hast du dir doch gewünscht.«

»Und mit diesem Schlabbergewand hast du soeben alles zunichtegemacht. Mir ist jedenfalls jede Lust vergangen. Wenn das so weitergeht und wir überhaupt kein Sexleben mehr haben, suche ich mir eine andere. Aber wirklich!«

Sechs Jahre später, Sabine und Roland, 42 Jahre alt, in der Praxis

Es ist ein typischer Praxistag bei den Bösels. Sabine und Roland haben den ganzen Vormittag mit Therapiegesprächen verbracht, nun ist Mittagszeit. Roland geht in das gemeinsame Büro, um ein wenig Pause zu machen. Als Sabine hereinkommt, hält er ihr ein Informationsblatt entgegen, das er für sie ausgedruckt hat.

»Da, für dich zur Info.«

Sabine nimmt anstelle des Papiers Rolands Hand, zieht ihn zu sich und legt seine Hand auf ihre Hüfte. »Jetzt gerade«, raunt sie ihm ins Ohr, »würde mich aber etwas ganz anderes interessieren.« Ihre Hand findet seinen Hosenknopf, ihre Lippen seinen Mund.

»Aber hallo, wir hatten doch erst letzte Nacht Sex«, sagt Roland überrascht. »Und wir haben beide in einer halben Stunde wieder einen Termin!«

»Ist mir egal, ich hab jetzt Lust auf dich«, sagt Sabine lächelnd und zieht die Bluse über ihren Kopf.

Übernehmen Sie das Kommando

Die Risiken und Nebenwirkungen unserer Sozialisation sind es, die das Leben manchmal kompliziert machen. Wir haben als Kinder Situationen erlebt, die uns überforderten – und haben daraus ein Verhalten entwickelt, das damals gut und wichtig war, weil es unser Überleben sicherte. Das Vorbild unserer Eltern war dabei ein wichtiger Richtungsweiser.

Wie zum Beispiel bei Jan. Immer, wenn es in Jans Leben Probleme mit der Partnerin gab, trennte er sich. Das war seine Überlebensstrategie – die ihm natürlich lange Zeit nicht bewusst war. Er kam mit seiner Frau Ingrid zu uns in die Paartherapie mit dem Wunsch nach einer guten Begleitung zur Scheidung. Ingrid ist bereits Jans dritte Frau. Er heiratete sehr jung und wurde schon mit 20 Jahren erstmals Vater. Doch diese Beziehung währte nur drei Jahre, denn seine Frau wollte mit ihm und dem Kind in ein anderes Land ziehen. Das wollte Jan nicht, und so reichte er die Scheidung ein. Ein paar Jahre später heiratete er Mona. Er wünschte sich so sehr ein Kind, doch es stellte sich heraus, dass Mona aufgrund einer früheren Krankheit nicht schwanger werden konnte. Diesmal war es die Frau, die aus Scham und Schuldgefühlen die Trennung verlangte – und Jan willigte sehr schnell ein. Und nun saß er mit seiner dritten Frau Ingrid vor uns. Sie hatten bereits zwei Kinder, doch nun wollte er sich scheiden lassen, weil er noch ein Kind wollte und sie nicht.

Wir luden Jan ein, den Theaterblick einzunehmen, wie wir ihn im ersten Kapitel beschrieben haben. Es gelang ihm, seine Überlebensstrategie – die schnelle Trennung, immer wenn Probleme auftauchen und ein Konflikt unausweichlich wird – zu erkennen. Der Theaterblick führte ihn auch zum Verhalten seines Vaters: Der ließ sich zwar nicht von Jans Mutter scheiden, aber er hatte ein anderes Terrain, wo er Konflikten aus dem Weg ging, indem er sich trennte. Immer dann, wenn Jans Vater in seinem Beruf Probleme bekam, wechselte er das Unternehmen. Jan erschrak, als er diese Parallele erkannte: »Ich wollte doch immer anders sein als mein Vater. Dabei bin ich ihm so ähnlich! Immer, wenn es mir zu eng wird, wenn die Konflikte vor der Tür stehen, wenn die Verletzungen zu sehr weh tun, suche ich den Ausweg und finde Trost bei einer neuen Partnerin!«

Schalten Sie den Stirnlappen ein

So wie Jan das Verhalten des Vaters unbewusst kopierte, so geht es wohl jedem von uns. Und so wie Jan sich dafür entscheiden konnte, es diesmal anders zu machen und den Konflikt mit Ingrid zu klären, so liegt es an uns allen zu entscheiden: Behalte ich mein Überlebensmuster bei und sorge dafür, dass sich mein Schicksal immer und immer wieder zeigt – oder schalte ich mein Hirn ein und entwickle ein neues Verhalten, das im Grunde viel vernünftiger und passender ist?

Bewusstmachen ist der Schlüssel, mit dem Sie das Tor zur Veränderung öffnen können. Die Natur hat uns dafür ein wichtiges Organ zur Verfügung gestellt: das Gehirn, im Speziellen den präfrontalen Kortex, auch Stirnlappen genannt. Den sollten wir auch nützen. Schalten Sie also Ihren Stirnlappen ein, so wie Sie eine Stirnlampe anknipsen, um Ihr Verhalten zu beleuchten. Nicht nur das, Sie können damit auch erkennen, dass es neben dem altbekannten Weg auch noch ein paar andere gibt, die Sie bisher noch nie beachtet haben.

Diese alten Wege sind wie Trampelpfade, sie sind gut erkennbar und breit, wir kennen jedes Steinchen und jede Biegung. Das hat sein Gutes: Wir müssen nicht so viel nachdenken, wenn wir ihn beschreiten. Wie im ersten Kapitel beschrieben, wird manches Verhalten zu einem Automatismus, sodass unser Hirn entlastet wird und sich um andere Denkleistungen kümmern kann. Wenn wir zur Arbeit fahren, benützen wir jeden Tag denselben Weg. Das gibt uns Sicherheit, schließlich haben wir uns einmal für diesen Weg entschieden, weil er am kürzesten, am bequemsten oder am ungefährlichsten ist. Was aber, wenn eine Querstraße zu einer Autobahn umgebaut wird? Dann würden Sie, ganz klar, Ihren Stirnlappen einschalten und nach einem anderen Weg suchen.

Wenn Sie Ihren Stirnlappen gut trainieren, legen Sie die Basis dafür, den Hintergrund für Ihr Überlebensmuster zu erkennen. Sie können dann sagen: »In meiner Kindheit bzw. Jugend habe ich dieses Verhalten gelernt, und das war damals gut und wichtig so. Es hat mir das Überleben gerettet. Heute ist die Situation zwar ähnlich, aber ich bin erwachsen. Diese Situation ist heute nicht mehr lebensbedrohlich, daher kann ich mich auch anders verhalten.« Denn das Überleben ist anstrengend, erst wenn man das Verhalten anpasst, sich die Freiheit nimmt, es anders zu machen, wird das Leben leicht. Der Stirnlappen hilft uns zu lernen, zu differenzieren. Er verlangsamt den Prozess, weil dieser Teil des Gehirns langsamer arbeitet als jener Teil, in dem unsere Automatismen gesteuert werden, und gibt uns Zeit nachzudenken. Er ermöglicht uns, den Theaterblick einzunehmen, aus einer vertrackten Situation herauszusteigen und sie in Relation zu anderen Begebenheiten im Leben zu setzen. Wir beleuchten dadurch alle Ecken und vergessenen Räume unseres Lebens und gewinnen einen neuen Blickwinkel, vielleicht auch neuen Handlungsspielraum.

Daniel Siegel, Professor der Psychiatrie und Leiter des Mindful Awareness Research Center an der University of California, verwendet in seinem Buch »Alchemie der Gefühle« eine sehr anschauliche Metapher, um den Unterschied zwischen eingeschaltetem und ausgeschaltetem Stirnlappen zu zeigen: Stellen Sie sich vor, Sie sitzen auf einem großen Holzrad. Von der Nabe führen viele Speichen weg. Stellen Sie sich nun vor, dass Sie akute Zahnschmerzen bekommen. Der ganze Kopf tut Ihnen schon weh und Sie leiden, daher rufen Sie Ihren Zahnarzt an. Doch der ist im Urlaub. »Ausgerechnet jetzt, das ist ja typisch«, denken Sie verzweifelt. »Ich bin vom Pech verfolgt. Immer passiert mir so etwas!« Wenn Sie so denken, dann sitzen Sie am Rand dieses Holzrades und sehen nur den Schmerz, also nur die eine Speiche, an deren Ende Sie sitzen. Sie fühlen sich abhängig und vom Schicksal bestraft.

Anders ist es, wenn Sie Ihren Stirnlappen einschalten, denn dann sitzen Sie in der Mitte des Holzrades und leuchten wie mit einer Stirnlampe alle Speichen des Rades aus. Am Ende der einen Speiche ist der Zahnschmerz. Doch Sie können diesen Umstand differenziert betrachten. Denn da ist nicht nur der Schmerz. Am Ende der anderen Speichen sehen Sie, dass Sie letzte Nacht tollen Sex mit Ihrer Frau hatten, Sie einen lieben Sohn haben, Sie zum Glück ansonsten kerngesund sind und dass Ihr Zahnarzt am Montag aus dem Urlaub zurückkehren wird.

Das Problem der Menschheit ist, dass wir das Leben oft nur aus einer einzigen Perspektive sehen. In diesem Zustand fühlen wir uns ausgeliefert und in der Situation gefangen. Das macht Angst, denn ausgeliefert zu sein bedeutet, sich nicht wehren zu können, abhängig zu sein. Doch das sind wir nur als Kind! Als Erwachsene haben wir fast immer eine Wahl – sofern wir unseren Stirnlappen einschalten. Ein gut trainierter Stirnlappen ermöglicht uns, unser Leben zu gestalten, indem wir den Blickwinkel erweitern und mehrere Möglichkeiten sehen, aus denen wir wählen können.

Schneespuren

Stellen Sie sich vor, Sie stehen vor einem großen, unberührten Schneefeld und möchten gern auf die andere Seite, weil Sie dort einen wunderschönen Tannenwald erspähen, der so sehr zum Wandern einlädt. Nun machen Sie den ersten Schritt – und versinken gleich bis zu den Hüften, weil der Schnee so tief ist. Dann machen Sie den zweiten Schritt und den dritten, und wieder versinken Sie. Das ist sehr anstrengend. Doch schließlich haben Sie es geschafft und sind erschöpft, aber froh auf der anderen

Seite angekommen. Wenn Sie das nächste Mal über dieses Schneefeld wollen, wird es schon ein wenig leichter sein, denn nun können Sie in Ihre eigenen Fußstapfen treten. Von Mal zu Mal wird die Überquerung des Schneefelds leichter und einfacher, denn bald haben Sie einen schön ausgetretenen Trampelpfad.

So ähnlich ist es mit unserem Gehirn und seinem neuronalen Netzwerk. Jede Verbindung zwischen zwei Neuronen muss zunächst einmal angelegt, also zum ersten Mal beschritten werden. Je öfter diese Verbindung benützt wird, desto mehr ähnelt sie einem Trampelpfad, den Ihr Gehirn mühelos findet, ohne viel nachdenken zu müssen – also ohne den Stirnlappen einzuschalten. Bei Jan hieß einer seiner Trampelpfade im Hirn »trenne dich, sobald ein Konflikt unausweichlich wird". Er wurde bereits in seiner Kindheit angelegt, als er mitbekam, wie sein Vater bei Problemen jedes Mal den Job wechselte. Später, mit jeder Trennung, wurde der Pfad breiter, und so war es eine Art unwillkürlicher Reflex, sich auch von Ingrid zu trennen, als Konflikte unausweichlich wurden.

So ist es, wenn Sie Ihren Stirnlappen trainieren. Wenn Sie das erste Mal ein neues Verhalten ausprobieren, werden Sie sich dagegen wehren, denn es wird anstrengend sein, weil diese neuronale Verbindung in Ihrem Gehirn noch nicht angelegt ist. Erst wenn sie das Verhalten automatisch abrufen können, haben Sie quasi einen neuen Trampelpfad geschaffen, der nun jedoch bewusst von Ihrem Stirnlappen entwickelt wurde unter Bezugnahme darauf, was in Ihrem Leben jetzt gerade passt, losgelöst von Ihrer Sozialisation, in der es ums Überleben ging.

Manchmal ist es gut, jemanden an der Seite zu haben, der einen beim Begehen solcher unberührten Schneefelder begleitet. Jemanden mit Erfahrung, der Ihnen hilft und Ihnen die Furcht vor der Überquerung nimmt, weil er oder sie schon über solche Schneefelder gegangen ist. Genau diese Funktion haben Psychotherapeutinnen und -therapeuten, aber auch Ihre Partnerin oder Ihr Partner. Wenn Sie gemeinsam neue Wege beschreiten, können Sie am Ende auch das Gelingen gemeinsam feiern.

Angst überwinden

Linda ist Assistentin in einem Trainingsinstitut. Sie organisiert Seminare und Workshops und unterstützt die Trainer tatkräftig während der Veranstaltungen. Weil sie das so toll macht, bat einer der Trainer sie eines Tages, sich als Organisatorin doch einmal selbst vor den Teilnehmerinnen und Teilnehmern vorzustellen. Linda bekam einen großen Schrecken. Die Panik stand ihr im Gesicht, und dann wurde sie richtig böse. »So etwas kannst du von mir nicht verlangen«, rief sie, »das mache ich auf keinen Fall!« Der Trainer war sehr erstaunt. Als Linda sich beruhigte, dachte sie ein wenig über ihr eigenes Verhalten nach und entschuldigte sich beim Trainer. Sie beschloss, sich zu überwinden. Das erste Mal, als sie sich neben den Trainer vor die Flipchart-Tafel stellte, wäre sie am liebsten im Boden versunken. Ihr Magen rebellierte und ihr war richtig schwindlig. Mit Mühe brachte sie ein paar vorbereitete Sätze heraus. Dann war es überstanden. Beim nächsten Seminar war es immer noch eine große Überwindung, doch mit jedem

Mal fiel es ihr leichter, vor die Teilnehmer zu treten und ein paar Worte über sich zu sagen. Ein paar Jahre später war es für sie so selbstverständlich geworden, sich selbst vorzustellen, dass sie sich gar nicht mehr erinnern konnte, jemals panisch reagiert zu haben.

Linda hatte erkannt: Die Angst, die sie mit so eisernem Griff überfällt, hat sie in ihrer Kindheit gelernt. Nun, als erwachsene und gereifte Persönlichkeit, die ihren Stirnlappen aktivieren kann, erlebt sie, dass diese Situation gar nicht gefährlich ist. Sie wurde nicht einmal schräg angesehen, als sie sich einmal beim Sprechen verhaspelte! Sie hatte es geschafft, eine Spur in ein für sie bislang unberührtes Schneefeld zu legen. Mittlerweile ist diese Spur ein richtiger Trampelpfad und Linda ist dem Trainer dankbar, dass er sie herausgefordert hat, sodass sie diese Erfahrung machen konnte. Denn mit einer Angst weniger im Gepäck macht das Reisen durchs eigene Leben einfach mehr Freude.

Dehnen Sie den emotionalen Muskel

Sportverletzungen sind eine unangenehme Sache. Stellen Sie sich vor, Sie haben sich am Knie verletzt. Der Arzt hilft Ihnen zunächst, die Schmerzen zu lindern, die Entzündung zu stoppen und das Knie wieder funktionstüchtig zu machen. Durch die längere Ruhigstellung haben sich jedoch die Muskeln zurückgebildet und die Sehnen verkürzt, sodass die ersten Gehversuche recht kläglich ausfallen werden. Würden Sie in diesem Zustand gleich einen Marathon laufen, würden Sie scheitern. Ihre Bänder würden reißen, die Muskeln würden versagen. Eine Physiotherapeutin jedoch würde Ihnen helfen, die Muskeln wieder langsam aufzubauen und die Sehnen vorsichtig zu dehnen, damit Sie wieder gehen und laufen können. Auch das Dehnen und Aufbauen ist meist unangenehm, doch am Ende werden Sie Erfolg haben und Ihren Sport wieder ausüben können.

Genauso ist das auch mit unserem Gefühlsmuskel. Aufgrund unserer Sozialisation verkümmern manche Gefühle – weil wir verletzt wurden oder im Sinne des Überlebens manche Gefühle gar nicht erst aufkommen lassen durften. Wenn wir nun versuchen, Überlebensstrategien zu beleuchten und neues Verhalten zu lernen, brauchen wir Mut. Die Angst zu überwinden, um neue Pfade zu beschreiten bedeutet, unseren Gefühlsmuskel zu dehnen und an seine Grenzen zu bringen. Dabei geht es uns ähnlich wie in der Physiotherapie: Würden wir das neue Verhalten sofort zu 100 Prozent ausführen, würden wir unseren Gefühlsmuskel überlasten, er würde vielleicht sogar reißen. In dem Fall wäre es rechtens zu sagen: »Da bleibe ich doch lieber bei meinem alten Trampelpfad.«

Sinnvoller ist es, den emotionalen Muskel langsam zu dehnen. Linda begann damit, dass sie den Impuls des Trainers aufnahm und erst einmal darüber nachdachte. Schließlich beschloss sie, es einmal zu versuchen. Dieser erste Schritt war natürlich mit einem enormen Energieaufwand verbunden, denn diese erste Dehnungsübung tat besonders weh. Doch mit jedem Mal wurde es ein kleines Stück leichter, bis ihr Gefühlsmuskel so weit trainiert war, dass das neue Verhalten ihr zur Selbstverständlichkeit wurde.

Lassen Sie das Leben bei der Tür herein

Jeder Mensch hat die Sehnsucht, das Leben in seiner ganzen Fülle zu erleben, die Energie auszukosten, die einem zur Verfügung steht, und sich weiterzuentwickeln. Es liegt auch in der Natur des Menschen, allem Neuen gegenüber eine gewisse Vorsicht entgegenzubringen. Diese beiden Kräfte stehen einander gegenüber, und es liegt an uns, sie so zu führen, dass wir genug Neues zulassen, damit wir unsere Lebensziele erreichen. Übertreibt man es und macht einen zu großen Schritt, überdehnt man seinen Gefühlsmuskel und man droht zu scheitern. Wird die Vorsicht zur Übervorsicht, wird sie zum Verhinderer und das Ergebnis ist genauso frustrierend.

Das Schöne ist, dass das Leben es immer wieder versucht, mit all seiner Vielfalt zu uns zu kommen. Es gibt nicht auf. Bei Linda klopfte es in Form des Trainers an, der sie mit seinem Vorschlag herausforderte. Linda öffnete die Tür, doch als sie sah, was da auf sie zukam, wollte sie die Tür gleich wieder schließen. Von außen betrachtet ist das doppelter Energieaufwand: Das Leben setzt Energie ein, indem es herein möchte, aber Linda setzt aufgrund ihrer Sozialisation ihre Energie entgegen. Zum Glück überwand sie ihre Angst und war bereit, ihren Gefühlsmuskel zu dehnen, um ein neues Terrain zu beschreiten.

Manchmal weiß das Schicksal über unsere verborgenen Kompetenzen besser Bescheid als wir selbst. Es rüttelt uns wach auf ganz verschiedene Wege. Meist sind es Menschen, die uns nahestehen – und oft genug ist dieses Rütteln alles andere als angenehm.

Unsere wahren Verbündeten: Partnerin, Partner, Töchter und Söhne

Heinz ist Alkoholiker. Jahrelang machte er sich etwas vor, er sagte Dinge wie »Ich habe das voll im Griff« oder »Ich kann jederzeit aufhören, wenn ich will«. Doch die Menschen in seinem unmittelbaren Umfeld konnten sehen, wie er zunehmend abhängig wurde, wie er unruhig wurde, wenn er am Abend nicht seine zwei Flaschen Wein trinken konnte, wie er ohne ausreichend Alkohol schlecht schlief, wie sehr sich seine Persönlichkeit veränderte. Es war so etwas wie ein offenes Geheimnis unter den Angehörigen, niemand sprach ihn direkt darauf an.

Bis er an seinem Geburtstag von seinem Sohn Fabian eine Teilnahme an unserem Generationen-Workshop geschenkt bekam. Heinz zögerte zunächst, doch dann kam er mit. In einem der Dialoge, die wesentlicher Bestandteil des Workshops sind, sagte Fabian unter Tränen zu seinem Vater: »Ich verstehe nicht, wie die ganze Familie schweigt und zusieht, wie du von Tag zu Tag mehr verfällst, und wie du dir vormachst, du hättest alles im Griff. Papa, ich halte es nicht mehr aus zu sehen, wie du dahinvegetierst und immer mehr aus deinem Leben – und damit auch aus meinem Leben – verschwindest. Du säufst dich zu Tode, Papa, aber ich brauche dich doch, ich liebe dich!« Diese Worte erschütterten Heinz zutiefst und er weinte mit seinem Sohn. »Ich wusste gar nicht, wie du mich siehst. Das ist ja furchtbar!«, sagte er.

Keine noch so tollen Appelle und überzeugenden Argumente können in einem Menschen das bewirken, was

Fabian in seiner emotionalen Offenheit und Authentizität schaffte. Aus demselben Grund nützen die meisten Neujahrsvorsätze nichts, weil sie weniger aus einer emotionalen Betroffenheit und Verbindung heraus beschlossen werden, sondern mehr aus moralischen Gründen oder weil sie von der Umwelt gesteuert sind. So war es oft auch bei Heinz, wenn ihm ein Freund sagte: »Wenn du so weitertrinkst, ruinierst du dich. Hör auf!« Für Heinz war das mehr ein Moralappell, gegen den er sich wehren musste. Doch im Workshop konnte er die Betroffenheit und den Schmerz seines Sohnes unmittelbar spüren. Ein Funke sprang über und weckte seine eigenen Gefühle, nämlich Trauer und vor allem auch Scham über seine Sucht.

»Ich habe zum ersten Mal eine Ahnung bekommen, welche eigene Not dahintersteckt, dass ich zum Alkoholiker geworden bin«, sagte Heinz später im Workshop zu seinem Sohn. »Ich weiß zwar nicht, ob ich diesem Teufelskreis ein Ende setzen kann. Doch ich habe deinen Schmerz gespürt und dann auch meinen. Ich bin bereit, mir Hilfe zu holen, um mir das genauer anzusehen.« Fabian konnte kaum glauben, dass sein Vater sich selbst als Alkoholiker bezeichnete – das hatte er zuvor noch nie getan. Wieder musste er weinen, doch diesmal aus Freude, etwas erreicht zu haben, das er sich schon so lange gewünscht hatte.

Dieses Beispiel zeigt, dass es einen emotionalen Appell braucht, um jemanden wirklich in die Gänge zu bringen. Unsere Kinder und auch unsere Partnerinnen bzw. Partner kommen uns da besonders zu Hilfe. Sie können uns von außen beobachten – und sie sind mit uns emotional verbunden. Gelingt es ihnen, ihre Betroffenheit mit ihrem Gefühl zu färben, ihren Schmerz in Ich-Botschaften auszudrücken, dann erreichen sie uns und berühren uns im Herzen.

Bei Linda war es der Trainer, der eine Kompetenz von ihr einforderte, die sie von selbst nie wahrgenommen hätte. Das ist kein naher Angehöriger, der sie emotional einfängt, andererseits hatte der wiederum die nötige Autorität, sodass Linda nicht gleich kategorisch ablehnen konnte, wie sie das vielleicht ihrem Partner gegenüber getan hätte. Und so ist es auch in unseren Liebesbeziehungen: Unser Partner zupft uns genau bei unserem verkümmerten Gefühlsmuskel. Dort ist es uns am unangenehmsten. Genau dort spüren wir die Risiken und Nebenwirkungen unserer Sozialisation – und dort ist dringend etwas zu tun!

Krisen als Chance

Über den Konflikt mit der Partnerin, die uns unermüdlich auf unser seltsames Verhalten hinweist, uns an unserem verkürzten Gefühlsmuskel zupft, werden wir gezwungen etwas zu tun. So gesehen sind Krisen äußerst effizient. Max Frisch sagte einmal: »Die Krise ist ein produktiver Zustand. Man muss ihr nur den Beigeschmack der Katastrophe nehmen.« Genau das sollten Sie tun, wenn Sie in einer Krise stecken: Sie als Chance sehen, Ihre Überlebensmuster zu beleuchten und sie schrittweise zu verändern, damit das Leben leichter wird.

Erinnern Sie sich an Jan und Ingrid, die zu uns kamen, weil sie sich trennen wollten? Der Anlass war Jans Kinderwunsch, der mit Ingrids Vorstellungen kollidierte, denn sie wollte nicht noch ein drittes Kind. Jans Gefühlsmuskel, der dafür zuständig wäre, Ingrids Gefühle und Ängste verstehen zu wollen, war vollkommen verkümmert. Was gut entwickelt war, war sein Überlebensmuster: trennen, wenn es schwierig wird. Jan hatte auch keine klare Vorstellung, warum es für ihn gar so wichtig war, noch ein Kind zu bekommen.

Hätten sich Jan und Ingrid in der Krise getrennt, wäre Jans Überlebensmuster nie ins Bewusstsein gerückt. Er hätte sich nach einer Weile wieder verliebt und vielleicht hätte er sich wieder getrennt, sobald ein Konflikt am Horizont auftaucht. Zerstörerisches Verhalten wiederholt sich so lange, bis man es unterbricht. Die beiden waren zum Glück erwachsen genug, um ihren Stirnlappen einzuschalten und in die Paartherapie zu gehen. Dank ihrer Krise lernten beide sehr viel über sich. Jan entdeckte nicht nur die bereits beschriebene Parallele mit dem Vater, was seine vielen Trennungen anlangt. Durch den Blick in seine Kindheit konnte er auch verstehen, warum es ihm so wichtig war, noch ein Kind zu bekommen. Jans Kindheit war geprägt von vielen Entbehrungen, er musste früh erwachsen und vernünftig werden. Mit seinen Kindern hatte er die Chance, ein Stück seiner Kindheit nachzuleben, als wäre es der kleine Jan, der mit den Kindern spielt. Jan stellte fest, dass hinter seinem Wunsch nach einem weiteren Kind in Wahrheit die Sehnsucht steckte, seinem inneren Kind, dem kleinen Jan, zu begegnen. Und er bemerkte, dass es gar nicht fair war, sich aus diesem Grund ein Kind zu wünschen. Viel sinnvoller war es, seinen Gefühlsmuskel zu trainieren, der zuständig war für den kleinen Jan und seine kindlichen Bedürfnisse, und gleichzeitig Ingrids Ängste und Nöte wahrzunehmen und gelten zu lassen.

Wie Sie erfolgreich Anlauf nehmen

100 kleine Schritte

Als Jan und Ingrid in der Paartherapie an dieser Stelle angekommen waren, sagte Ingrid: »Ich bin so berührt von diesem kleinen Jan, der so dringend in den Arm genommen werden will. Wenn das so ist, können wir gerne ein weiteres Kind bekommen, Jan.« In der darauffolgenden Sitzung musste sie unter Tränen diesen Vorsatz zurücknehmen. Sie hatte sich einen zu großen Schritt vorgenommen, ihren emotionalen Muskel eindeutig überdehnt. Doch offenbar wäre dieser Schritt auch für Jan zu schnell gekommen. Er erzählte, dass er verwundert gewesen war, dass Ingrid sich so schnell entschieden hatte. Er selbst wollte jetzt lieber die Bremse ziehen, denn er hatte doch gerade entdeckt, dass hinter seinem Kinderwunsch etwas ganz anderes steckte, das er erst prüfen wollte.

Dieses Beispiel zeigt sehr gut, wie wichtig es ist, den Weg der kleinen Schritte zu gehen, weil wir bei großen Schritten zu sehr Gefahr laufen auszurutschen. Ähnlich war es auch bei Linda. Hätte der Trainer Linda gleich zu einem Vortrag vergattert, hätte er sie völlig überfordert und Linda hätte ihren emotionalen Muskel wohl weit überdehnt.

Das bedeutet aber auch, mit den vielen kleinen und

kleinsten Schritten zufrieden zu sein und sich mit Recht darüber zu freuen und sich zu belohnen, dass diese gelungen sind. Manche Menschen neigen dazu, zu streng mit sich zu sein und kleine Erfolge abzuwerten. »Ach, das war ja nicht der Rede wert«, sagen sie dann. Wenn Sie zu dieser Sorte Mensch gehören, überlegen Sie einmal: Viele kleine Schritte sind genauso viel wert wie ein großer Wurf – nur dass sie mit viel größerer Wahrscheinlichkeit umgesetzt werden!

Positive Auslösereize schaffen

Vor langer Zeit beschlossen wir, mehr Sport zu treiben, und versuchten es mit Jogging. Die ersten Wochen waren wirklich mühsam, doch irgendwann waren wir so weit, dass wir etwas vermissten, wenn wir an einem Tag keine Zeit zum Laufen hatten. Wir stellten fest, dass wir uns wie von selbst Anker gesetzt hatten: Der Anblick unserer Laufkleidung, wenn wir morgens den Schrank öffneten, löste in uns die Lust aus, laufen zu gehen. Gingen wir im Vorzimmer an unseren Laufschuhen vorbei, erinnerten wir uns: »Ach ja, wir wollten doch heute noch eine Runde joggen!« Diese positiven Reize halfen uns, am Ball zu bleiben, und es fiel uns immer leichter, ausreichend Bewegung und Sport in unseren Alltag zu bringen.

So ähnlich schafften es auch Jan und Ingrid, sich zu motivieren, um in ihrer Paartherapie am Ball zu bleiben, obwohl die Trennung schon beinahe beschlossene Sache war. Die beiden liebten es seit vielen Jahren, gemeinsam für ihre zwei Kinder gesund und biologisch zu kochen. Dazu gingen sie drei Mal die Woche gemeinsam zum Markt, um frisches Gemüse und Obst zu kaufen. Das wollten sie auch weiterhin aufrechterhalten, zumindest so lange, bis Jans neue Wohnung für den Bezug fertig sein würde. Weil diese gemeinsamen Einkäufe ihnen so lieb geworden waren, sagte Ingrid: »Auch wenn wir uns trennen, finde ich es so schön, dass wir weiterhin gemeinsam für unsere Kinder kochen. Wir könnten doch jedes Mal, wenn wir zum Markt gehen, die Zeit nützen und darüber sprechen, wie es sein wird, wenn wir nicht mehr zusammenwohnen. Vielleicht könnten wir auch darüber reden, wie es dazu gekommen ist, dass wir uns trennen wollen.« Jan war einverstanden, wenn auch mit Vorbehalten, doch er kochte einfach zu gerne für seine Kinder.

Die beiden nützten also das Liebgewonnene als eine Art Aufhänger, um über ihre Beziehung zu sprechen: Der gemeinsame Einkauf war der positive Reiz, ähnlich wie bei uns der Anblick unserer Laufschuhe. So wurde mit jedem Einkauf das in ihren Alltag integriert, was sie vor der Krise viel zu wenig taten: über sich, ihr Leben und ihre Beziehung zu reflektieren. In einer der Therapiesitzungen sagte Ingrid schließlich: »Ich kann gut verstehen, dass du dich trennen musst. Dass ich kein drittes Kind mit dir haben will, ist schon eine große Kränkung für dich. Und ich bin traurig, dass wir uns trennen, weil ich dich noch immer sehr liebe.« Etwas später erzählte Jan, dass er genau diesen Satz nie mehr vergessen wird. Es war, als hätte Ingrid damit einen Schalter in seinem neuronalen Netzwerk umgelegt. Jan spürte, wie gut es tat, von jemandem geliebt und verstanden zu werden, obwohl er anderer Meinung war. Beim nächsten Marktbesuch überraschte er Ingrid, weil er sich anschließend mit ihr noch zu einem gemeinsamen Kaffee zusammensetzen wollte. Sie sprachen dabei zwar nur wenig, doch sie spürten, dass eine neue Qualität der Verbindung entstanden war.

Wir haben für vieles unterstützende Auslösereize: Wenn wir morgens ins Badezimmer gehen und die Zahnbürste sehen, nehmen wir sie automatisch zur Hand und putzen uns die Zähne. Doch für unseren Beziehungsalltag haben wir keine Auslösereize. Oft genug ist genau das mit ein Grund für eine spätere Trennung. Ingrid und Jan haben mit ihren gemeinsamen Marktbesuchen einen Auslösereiz geschaffen, der ihnen neuen Raum für ihre Beziehung ermöglichte – und das hat sie letztlich wieder zusammengeführt.

Eine andere Möglichkeit, einen guten Anlauf zu nehmen, sind Kontextänderungen. Sie setzen das neue Verhalten in einen anderen Rahmen. Es ist zum Beispiel leichter, eine Rauchentwöhnung nicht zu Hause, sondern im Urlaub zu beginnen. Einer unserer Freunde nahm sich immer wieder vor, endlich mehr zu lesen – doch gelang es ihm erst in einem dreiwöchigen Urlaub, Zeit dafür einzuplanen, und so konnte es ihm auch anschließend im Alltag gelingen. Aus diesem Grund haben wir für Paare auch den Dialog-Raum eingeführt – ein Angebot, wo Paare regelmäßig zu uns kommen können, um ihrer Beziehung einen besonderen Stellenwert zu geben. So wie Ingrid und Jan ihren Markteinkauf für Beziehungsgespräche nützten, ist er ein Rahmen, wo die Paare in einem anderen Kontext einander begegnen können. Die beiden haben sich übrigens auch für die Zeit nach der Paartherapie, als die Krise überstanden war, einen dauerhaften Auslösereiz geschaffen: Sie haben in ihrer Wohnung eine kleine Ecke eingerichtet, in der sie Beziehungsthemen austauschen. Weil sie an dieser Beziehungsecke natürlich täglich vorbeigehen, haben sie auch immer wieder einen positiven Reiz: »Es gibt unsere Beziehung, wir lieben uns, es ist wichtig, uns dafür ausreichend Zeit zu nehmen.«

Sich etwas Gutes tun, wenn man sich etwas Gutes getan hat

Jan und Ingrid besuchten ein Jahr lang den Dialog-Raum und machten es sich zum Brauch, anschließend gut essen zu gehen. Sie sagten: »Wir kochen für unsere Kinder schon so viel Gutes. Jetzt, wo wir uns der Krise stellen und unsere Überlebensmuster umwandeln, wollen wir auch uns verwöhnen und uns für unseren Mut belohnen.« Die beiden waren sehr konsequent dabei. Wenn sie manchmal auch sehr müde waren und am liebsten den Therapietermin absagen wollten – die Aussicht auf einen anschließenden Verwöhnabend motivierte sie dann doch, weiterzumachen.

Ideen für Belohnungen gibt es viele. Sie kann zum Beispiel auch darin liegen, dass man sich gegenseitig immer wieder wertschätzt dafür, dass man sich Zeit genommen hat. Kurz gesagt: Tun Sie sich etwas Gutes, weil Sie sich etwas Gutes getan haben. Das mag für Sie vielleicht absurd klingen, doch Ihr Gehirn merkt sich: »Wann immer ich etwas für mich oder für meine Beziehung Gutes tue, werde ich belohnt.« Das hilft, aus dem schmalen Pfad durch das Schneefeld eine breite Autobahn zu machen.

Auch Heinz, dessen Sohn ihn dazu motivierte, sich professionelle Hilfe für sein Alkoholproblem zu holen, half sich mit Belohnungen weiter. »Anfangs belohnte ich mich damit, mir nach jeder Psychotherapie-Sitzung auf dem Heimweg ein kleines Bier zu gönnen«, erzählte er. »Doch ich realisierte sehr bald, dass ich damit nur mein altes Verhalten verstärkte.« Ihm fiel ein, dass er als Kind sehr gern Rad gefahren war, also begann er, mit dem Rad zur Therapie und wieder zurück zu fahren. Das war anfangs natürlich anstrengend, weil seine Muskeln sich erst an die neue Bewegung gewöhnen mussten. Doch bald machte es ihm Spaß, und er bemerkte, dass Radfahren ihm half, seine inneren Spannungen abzubauen, unter denen er aufgrund von Minderwertigkeitsgefühlen permanent litt. So wurde das Radfahren zu einem tollen Ersatz für das Trinken, denn im Laufe der Therapie war ihm klar geworden, dass der Alkohol hauptsächlich deshalb so wichtig für ihn war, weil er damit seine Anspannungen lösen konnte.

Mitstreiter, Helfer und Vorbilder

Als wir mit dem Joggen begannen, hat uns nicht nur geholfen, dass wir unser Vorhaben gemeinsam angingen. Es war auch gut, dass wir uns mit anderen verabredeten, um laufen zu gehen. Auf die Art sorgten wir dafür, dass wir unseren inneren Schweinehund überwinden konnten – schließlich würde man doch die anderen enttäuschen, wenn man den gemeinsamen Lauftermin absagt!

Wir hatten uns so gleich zwei Wege geschaffen, bei denen wir ein Commitment einzuhalten hatten: entweder mit dem Partner bzw. der Partnerin oder mit den Freunden und Gleichgesinnten.

Genauso kann eine Therapeutin oder ein Coach der ideale Helfer sein, um beim Lösen von Problemen zu stabilisieren und behutsam Impulse zu geben. Dabei geht es weniger um die passenden Anregungen, sondern vor allem darum, dass man von professioneller Seite einen Rahmen angeboten bekommt, in dem man die eigenen Ressourcen aktivieren und ausprobieren kann.

In unseren Dialog-Raum-Gruppen erleben bis zu zehn Paare nicht nur den eigenen Entwicklungs- und Lernprozess, sondern auch den der anderen. Es kann sehr erleichternd sein zu sehen, dass es anderen genauso geht wie einem selbst – dass ein Paar in einer Sitzung einen Machtkampf austrägt und beim nächsten Mal eine umso stärkere Verbindung zueinander zeigt, dass alle sich schämen, wenn sie wieder etwas nicht geschafft haben, und sich ein anderes Mal darüber freuen, wenn etwas gelungen ist. Wenn wir erleben, dass andere es letztlich tatsächlich geschafft haben, ihre Beziehung zu verbessern, sind sie für uns wohltuende Vorbilder, die uns ermutigen. Auch Ingrid und Jan hatten in ihrer Dialog-Raum-Gruppe ein Paar, das eine ähnliche Krise schon früher einmal erfolgreich durchlebt hatte und das ihnen ein wenig Modell stand, an dem sie sich orientieren konnten. Natürlich hatten sie zwischendurch Zweifel. »Jaja, die können das leicht geschafft haben! Die hatten es doch viel leichter, bei uns geht das nicht«, sagten sie. Doch sie schalteten dann doch ihren Stirnlappen wieder ein und ließen sich anregen und motivieren, weiter an sich zu glauben, anstatt die Flinte ins Korn zu werfen.

Fake it until you make it

Tu so, als könntest du es – bis du es wirklich kannst. Diese Strategie ist ein gutes Mittel gegen hinderliche Glaubenssätze. Die Idee dahinter: Man muss nicht immer erst ausgiebig nachdenken, hinterfragen und analysieren. Es hilft manchmal auch, neues Verhalten einfach auf gut Glück zu tun. Je öfter man es versucht, desto besser gelingt es – bis man es am Ende gut kann! Linda traute sich nie, vor Publikum zu sprechen, weil sie einen Glaubenssatz in sich trug: »Ich kann das nicht, und es ist furchtbar peinlich, im Mittelpunkt zu stehen.« Durch die Anregung des Trainers sah sie sich gezwungen, ihr Verhalten relativ rasch zu ändern, sie musste also so tun, als ob sie das könne. Nach dem dritten Mal war es für sie nicht mehr gar so schlimm, sich vor die Teilnehmerinnen und Teilnehmer zu stellen, doch ihr Glaubenssatz war immer noch in ihren Gedanken verankert. Trotzdem versuchte sie es weiter – und nach ein paar Jahren war es für sie so selbstverständlich geworden, vor Publikum zu sprechen, dass es ihr gar nicht mehr in den Sinn kam, sie könne es nicht.

Wir wollen Sie mit dieser Idee nicht dazu verführen, ab jetzt gedankenlos Dinge zu tun, ohne sich Konsequenzen zu überlegen. »Fake it until you make it« hat auch nichts mit Hochstapelei zu tun, bei der man bewusst andere hinters Licht führt, um sich selbst Vorteile zu verschaffen. Es gibt jedoch einen Unterschied zwischen Nachdenken und Grübeln, darum geht es. Stellen Sie sich vor, ein Freund sagt Ihnen, Sie sollen im Schwimmbad vom 10-Meter-Turm springen. Sie werden kurz nachdenken – und es dann entweder tun oder entschieden Nein sagen. Damit ist die Sache erledigt. Wenn Sie jedoch der Gedanke daran nicht loslässt und Sie tagelang grübeln, ob Sie nun springen sollen oder nicht, dann ist es sinnvoller, einen ersten Schritt zu tun und zunächst vielleicht das 3-Meter-Brett zu versuchen. Manchmal kommen Paare zu uns in die Praxis, die sich nicht trauen zusammenzuziehen. »Wir brauchen erst die 100-prozentige Sicherheit«, sagen sie. Wir schlagen ihnen dann vor, es doch einmal zu versuchen und zum Beispiel für ein halbes Jahr zusammenzuziehen. Danach können sie viel besser entscheiden, wie es weitergehen soll. Grübeln hat noch niemandem genützt, denn dabei kreisen Ihre Gedanken ständig um das alte Muster, das auf die Art nur noch verstärkt wird.

Wie Sie dunkle Zeiten überwinden

Wenn das Licht ausgeht

Vor vielen Jahren besuchten wir ein Handballmatch. Dabei beobachteten wir etwas für uns sehr Interessantes: Der Trainer jener Mannschaft, die die meiste Zeit im Rückstand war, rief seinem Team immer wieder Ermutigendes zu und er lobte sie. Die andere Mannschaft führte meist knapp, doch sie wurde von ihrem Trainer permanent gerügt, manchmal sogar beschimpft. Wir kannten damals beide Mannschaften, und so erfuhren wir, dass jener Trainer, der während des Spiels lobte, sehr wohl auch kritisch sein konnte. Doch er sagte: »Ein Match bedeutet für alle Anspannung und Stress. Wenn etwas nicht gut war, spüren sie es ohnehin und haben dadurch noch mehr Stress. Es wäre kontraproduktiv, würde ich auch noch schimpfen. Wenn meine Spieler Stress haben, brauchen sie jemanden, der an sie glaubt und der sie lobt.« Erst wenn nach dem Match wieder Ruhe einkehrte, sprach er mit ihnen, was hätte besser sein können, wo sie ihre Qualitäten noch besser ausspielen könnten. Welche der beiden Mannschaften damals dieses Match gewann, können Sie sich nun vermutlich ausmalen!

Die Herangehensweise dieses Trainers ist beispielgebend auch für Paarbeziehungen. Eine Beziehungs- oder Lebenskrise oder gravierende Ereignisse wie der Tod eines geliebten Menschen oder schwere Krankheiten bedeuten ähnlichen Stress wie bei einem Match – nur auf einen viel längeren Zeitraum ausgedehnt und viel intensiver im Gefühl. Doch im Stress ist unser Gehirn auf Überlebenskampf ausgerichtet. Jene Verhaltensweisen, die automatisiert, die also als breiter Trampelpfad in unserem neuronalen Netzwerk angelegt sind, werden abgerufen. Menschen reagieren in einer Krise mit ihrem Überlebensmuster. Eine Ehekrise endet daher viel zu oft vor dem Scheidungsrichter.

Der Grund: Streit, Kränkungen, die vielen Machtkämpfe, das alles zehrt massiv an unseren Kräften. Wir haben praktisch keine Energie mehr, um unseren Stirnlappen einzuschalten, und das bedeutet, dass nur unsere altbekannten Überlebensstrategien zum Vorschein kommen – jene, die ohne Zutun unseres Bewusstseins aktiv werden. Damit kommt uns auch der Blick auf alternative Lösungen abhanden, denn wir haben keine Energie übrig, um nachzudenken oder mit Hilfe des Theaterblicks die Situation zu reflektieren. Das können wir nur in einer Atmosphäre der Ruhe und Sicherheit, die aber in einer Krise nicht gegeben ist.

Wenn Paare in einer Krise zu uns kommen, handeln wir daher ähnlich wie der Handballtrainer: Solange die Wogen hochschlagen, ist keine Energie vorhanden, um gute Entscheidungen zu treffen. Die einzigen Entscheidungen, die dem Paar in diesem Stadium in den Sinn kommen, sind genährt vom jeweiligen Überlebensmuster, und das ist selten die beste Variante. Wir sorgen in dieser Zeit vorrangig dafür, dass Ruhe und Gelassenheit einkehren, sodass wieder Energie da ist, um eine wirklich nachhaltig gute Entscheidung für alle zu treffen. Wir lenken den Blick auch auf das, was gut gelaufen ist. Das ist natürlich nicht so einfach. Wenn ich gerade von meiner Partnerin mit einem anderen Mann betrogen wurde, klingt der Vorsatz, ruhig zu werden, wie eine Provokation. Und doch ist es der einzig sinnvolle Weg, um Energie zu sammeln, das Gehirn einzuschalten und vielleicht auch zu erkennen, was ich selbst dazu beigetragen habe, dass es so weit kommen musste.

In welcher Krise auch immer Sie stecken – nehmen Sie sich Zeit, auch wenn eine innere Stimme panisch ruft: »Ich will hier weg!« Wenn Sie eine Beziehungskrise durchleben, denken Sie daran, dass Sie so viel Zeit miteinander verbracht haben, sicher auch schöne Zeit. Sie haben es verdient, eine gute, gemeinsame Entscheidung zu finden. Sie sind es wert, von sich selbst und vom anderen gewürdigt zu werden!

Der innere Terror

Wenn Sie nun diese ersten beiden Kapiteln gelesen haben, kam Ihnen vielleicht schon die eine oder andere Idee, was Sie in Ihrem Leben gerne verändern wollen. Möglicherweise hat sich zu diesem Wunsch ein großes Aber dazugemogelt, zum Beispiel: »Ich würde gern die Beziehung zu meinem Mann auffrischen.« Und als sie ihm dann beim Abendessen gegenübersaßen, spürten Sie den altbekannten Stress und die Verzweiflung und dachten: »Aber das wird nicht so einfach gehen!« Oder: »Na ja, aber das habe ich gar nicht verdient.« Oder: »Was würden dann meine Mutter, mein Vater, meine Schwester dazu sagen?«

Dieser innere Terror könnte ein Hinweis darauf sein, dass Sie auf einem guten Weg sind. Als Jan sich zögerlich dazu bereit erklärte, die Markteinkäufe dazu zu nutzen, um über ihre Beziehung zu sprechen, war auch ein großes Aber der Grund für sein Zögern: »Aber ich bin dann doch kein richtiger Mann, wenn ich mich von einer Frau einwickeln lasse. Ein richtiger Mann entscheidet und handelt!« Natürlich war auch dieser innere Terror in seinem Familiensystem begründet, vor allem in der väterlichen Linie. Schon Jans Großvater sagte: »Nur die Härtesten kommen durch.« Ein Hinterfragen von Gefühlen war in Jans Familie ausgeblendet.

Rechnen Sie auch damit, dass der innere Terror sich nicht so leicht geschlagen gibt. Wenn wir etwas Neues ausprobieren, unsere alten Muster und Gewohnheiten überdenken, dann reagieren wir im ersten Moment mit Angst, Unsicherheit, Stress. Wenn der Terror dann noch einmal ausholt, werten Sie das nicht als Beleg dafür, dass Sie den falschen Weg eingeschlagen haben, sondern als das, was es ist: Das alte System hat sich einfach noch einmal kräftig zu Wort gemeldet. Jan bezwang den inneren Terror auf seine Weise: Er suchte das Gespräch mit seinem Vater. Er teilte ihm gerade heraus mit, dass er stolz darauf sei, sich für eine konstruktive Auseinandersetzung mit seiner Frau entschieden zu haben. Jans Vater konnte damit zunächst gar nichts anfangen, und es dauerte ein Jahr, bis er Jan antworten konnte: »Jan, ich kann jetzt sehen, dass du eigentlich das tust, was ich immer tun wollte. Ich freue mich so sehr, dass es dir gelingt, und ich bin stolz auf dich.« So hatte Jan auch noch den Segen seines Vaters bekommen.

Hinter den Kulissen

Sabine, 54 Jahre alt

Die Szene aus dem Jahr 1995 war so typisch für uns. Wir hatten keine stimmige Intimität. Roland warf mir vor, meine Weiblichkeit zu verstecken, und ich war gut darin, Auswege zu finden, um keinen Sex zu haben. Ich hatte das Gefühl, den Er-

wartungen anderer gerecht werden zu müssen – und wenn von mir etwas erwartet wurde, dann reagierte ich erst recht trotzig. Ich konnte bis zu dieser Zeit meinen Platz nicht behaupten. Meine Bedürfnisse, auch die als Frau, waren unterdrückt und mir gar nicht bewusst.

In meiner Kindheit hatte ich gelernt, auf die Bedürfnisse meiner Mutter zu achten und meine eigenen zurückzustellen. Mein Vater war fast nie zu Hause, und wäre meine Mutter in welcher Form auch immer ausgefallen, wäre das für mich als Kind schlimm gewesen – daher waren die Bedürfnisse meiner Mutter absolut wichtig. Zudem hatte sie den Tod meiner Schwester zu beklagen und später die Trennung von meinem Vater. Es gab also genug Gründe, auf die Bedürfnisse meiner Mutter besonders zu achten. Das hatte zwar den Vorteil, dass ich lernte, mich leicht in andere hineinzuversetzen, ich kam dadurch gut mit anderen aus und war beliebt. Doch ich lernte nicht zu spüren, was ich selbst brauchte.

Meine Mutter hat ihr Wunschleben nicht gelebt. Sie hat den Haushalt so sehr gehasst, und doch hat sie sich mit ihrem Hausfrauendasein begnügt und ihre intellektuellen Interessen vernachlässigt. Sie war überzeugt, dass auf Männer kein Verlass sei und sie ohnehin nur an Sex und sonst nichts interessiert seien, dementsprechend unglücklich war auch das Sexualleben meiner Eltern. Ich sah also eine Mutter vor mir, die sich in vielen Dingen selbst nicht ernst nahm und nicht dafür sorgte, dass sie jenen Platz im Leben bekam, an dem sie sich wohlfühlte. Und ich tat es ihr gleich.

Im Januar 2001, kurz vor der zweiten Szene zu Beginn dieses Kapitels, besuchten Roland und ich ein Imagotherapie-Seminar bei Hedy Schleifer, und das hatte eine überraschende

Wirkung auf mich, auch wenn ich die Zusammenhänge länger nicht verstand. Hedy bat uns, auf ein Blatt Papier zu schreiben, was wir niemals in einer Gruppe sagen, geschweige denn tun würden. Anschließend sollten wir das Blatt in einen Korb in der Mitte des Raumes legen und genau das sagen oder tun, was darauf stand. Eine ziemliche Herausforderung, was sie da von uns verlangte!

Nachdem ein paar Menschen sich getraut hatten, stand ich auf – und gleichzeitig stand ein anderer Teilnehmer auf. Ich, die als Kind gelernt hatte, mich zurückzunehmen, setzte mich gleich wieder hin, um Friedrich, dem anderen Teilnehmer, den Vortritt zu lassen. Doch das ließ Hedy nicht zu. Sie bat uns beide, in die Mitte zu kommen und einen Dialog zu führen, bei dem jeder den anderen spiegelt, also wiederholt, was der andere gesagt hat. Ich hielt diese Situation kaum aus und weinte, doch dann begann Friedrich zu sprechen. Eine halbe Stunde lang redete er, und ich hörte zu und spiegelte ihn. Dann sollte ich sprechen. Ich erzählte ihm, dass er mich sehr an meinen großen Bruder erinnere und mir automatisch der Gedanke komme, er habe bestimmt etwas Wichtiges zu erzählen, etwas viel Wichtigeres als ich. Dass schon meine Mutter meinen Bruder so sehr bewunderte und ich somit immer überzeugt war, er sei der Tollste und Klügste und ich könne seine Leistungen nie erreichen. Ich erzählte Friedrich meine Geschichte und er sollte mich spiegeln – und er schaffte es nicht. Ich sprach weiter – und wieder konnte er mich nicht spiegeln, Hedy musste ihm fast jedes Wort einsagen! Nach einer Viertelstunde hatte ich ein Aha-Erlebnis. Friedrich war auch optisch meinem Bruder ähnlich, ein großer, gepflegter Mann, doch mit jedem Mal, bei dem er mich nicht spiegeln konnte, wurde er in meiner Vorstellung kleiner und damit wurde auch mein großer Bruder immer kleiner. Ich, die ich mich immer in die zweite Reihe stellte, konnte problemlos wiederholen, was er mir erzählte, und er, der große, tolle Mann, konnte das nicht.

Später führte ich mit meinem Bruder viele Gespräche und merkte, dass er sich gar nie so gefühlt hatte, wie meine Mutter ihn darstellte. Ich hatte die Meinung meiner Mutter einfach übernommen. Diese Erkenntnis und die Übung im Seminar halfen mir, meinen Platz im Leben zurechtzurücken. Ich konnte es nicht in Worte fassen, doch ich spürte eine nie gekannte innere Konsistenz und ein ungewohntes Vertrauen in mich selbst. Dieser große Wachstumsschritt wurde auch zu einem großen Schritt in meiner Selbstwahrnehmung als Frau. Ich hatte bis dahin immer die Idee, einem diffusen Klischee gerecht zu werden, dabei war es viel einfacher. Ich musste »nur« den richtigen Platz für mich finden und ihn auch einnehmen. Es ist nicht nur ein tolles Gefühl, Lust auf den Partner zu haben. Noch viel wichtiger ist es, sich selbst in all der Lust und Begierde und Freude zu spüren!

Ja, Mama, ich bin für dein Glück verantwortlich

Beipackzettel

Gebrauchsinformation: Dieses Kapitel wirkt gegen verdeckte Aufträge, die wir als Kinder von unseren Eltern unbewusst übernommen haben. Es hilft, sie zu erkennen und die Verantwortung dafür wieder dorthin zurückzugeben, wo sie hingehört.

Nebenwirkungen: Im schlimmsten Fall kann es dazu kommen, dass Sie Ihre aktuelle Liebesbeziehung von einer großen Last befreien und auch die Beziehung zu Ihrem Vater und Ihrer Mutter auf eine neue Basis stellen.

Ich passe auf dich auf, Mama

Sabine, 4 Jahre alt, in der elterlichen Wohnung

Sabine sitzt in ihrem Kinderzimmer am Boden und spielt. Nebenan, im Wohnzimmer, hört sie die Stimmen der Eltern – abwechselnd den aufgebrachten Wortschwall der Mutter, dazwischen kurz das ärgerliche Brummen des Vaters. Es wird immer lauter, und schließlich wird es für Sabine unerträglich. Also steht sie auf und geht hinüber. Die Tür zum Wohnzimmer ist hoch, so hoch, dass sie die Klinke kaum erreichen kann, doch heute streckt sie sich ganz besonders und dann kann sie mit den Fingerspitzen den Türgriff gerade so weit umfassen, dass sie ihn niederdrücken kann.

Das Erste, das Sabine sieht, ist ihr Vater im grünen Ohrensessel beim Fenster. Die Mutter steht am anderen Ende des Raumes, sie fuchtelt mit den Armen und schimpft laut, die Au-

gen hat sie aufgerissen und einen scharfen Zug um den Mund. Die Eltern bemerken offenbar gar nicht, dass ihre Tochter hereingekommen ist. Sabine hat keine Ahnung, worüber die Eltern streiten, sie spürt nur die Beklemmung in ihrer Brust.

»Mir reicht es, ich gehe«, schreit die Mutter jetzt, »mich siehst du nie wieder!«, und poltert aus dem Zimmer.

Der Vater sitzt in seinem grünen Ohrensessel wie gelähmt, er rührt sich nicht einen Millimeter. Dann lächelt er verlegen und sagt: »Geh, Sabine, schau einmal, was die Mutti macht.« Zaghaft schleicht Sabine ins Vorzimmer. Sie findet die Mutter im Bad und sieht schon durch die offene Tür, dass sie ihre Zahnbürste in die Toilettentasche packt. Aus ihrer Beklemmung wird Angst.

»Gehst du jetzt fort von uns?«, fragt sie. Die Mutter packt verbissen weiter ein. Nach einer Weile sagt sie, ohne aufzublicken: »Nein, ich gehe nicht.« Sie presst diese Worte durch die Lippen, so leise, dass nur Sabine es hören kann.

Das ist verwirrend. Bild und Ton stimmen nicht überein. Sie sagt, sie bleibt, aber sie packt weiter ihre Sachen ein. Durch die offene Wohnzimmertür schräg gegenüber sieht Sabine den Vater ganz eingeknickt und immer noch reglos in seinem grünen Ohrensessel sitzen.

»Mutti, gehst du weg?«, fragt sie noch einmal und schaut sie flehend an. Diesmal hält die Mutter inne. »Nein, Sabine, ich bleibe. Geh wieder in dein Zimmer.« Sie stellt ihre Toilettentasche auf den Waschtisch und geht aus dem Badezimmer.

Im Kinderzimmer setzt sich Sabine aufs Bett. Hoffentlich habe ich alles richtig gemacht, überlegt sie. Ich werde die Mutti einfach immer ganz lieb anschauen und sie ganz lieb haben, dann bleibt sie bei uns.

Verdeckte Aufträge

Jedes Kind kommt mit der Hypothek zur Welt, nur dann überlebensfähig zu sein, wenn sich Mutter und/oder Vater des Kindes annehmen, sich um es kümmern, es ernähren und seine immer wieder entstehenden Bedürfnisse befriedigen. Im Idealfall verhalten sich die Eltern auch zueinander liebevoll und stehen gut im Leben, um für das Kind und seine Entwicklung ausreichend da zu sein.

Das Beste wäre eine richtige Großfamilie mit mehreren Generationen. Ein afrikanisches Sprichwort sagt: »Zum Kindererzeugen braucht es zwei Menschen, zum Kinderaufziehen ein ganzes Dorf.« Ja, in einem afrikanischen Dorf, in dem eine ganze Sippe wohnt, gibt es genug Unterstützung für alle. Haben Eltern Beziehungsprobleme, sind andere Erwachsene da, um dem Paar beizustehen und sich um die Kinder zu kümmern. In unserer westlichen Welt fehlt es an diesem Beistand leider immer wieder. Vor allem im städtischen Bereich müssen Paare ihre Kinder alleine aufziehen. Wo in einem Dorf die Erwachsenen sich gegenseitig unterstützen, springt in den Kleinfamilien der Städte meist das Kind ein, um die Probleme der Eltern auszugleichen.

Warum Kinder das tun? Einerseits hängt es mit der Hypothek zusammen, von der wir oben gesprochen haben. Als Kinder sind wir davon abhängig, dass das Elternhaus intakt bleibt. Droht es zu zerbrechen, versuchen wir zu kitten – auf unsere kindliche Art. In der Szene zu Beginn des Kapitels ist klar erkennbar, wie die kleine Sabine versucht, die Mutter zum Bleiben zu bewegen. Das ist ein ganz typisches Verhalten, das besonders auch bei Scheidungskindern beobachtbar ist: Das Kind schlägt sich auf Vaters oder Mutters Seite, meist auf die Seite jenes Elternteils, bei dem es in Zukunft vermutlich leben wird bzw. von dem es glaubt, dass er mehr Unterstützung braucht. Das ist natürlich immer eine kindliche Interpretation. Andererseits entspringt der Versuch, Harmonie wiederherzustellen, der großen Liebe, die wir als Kind den Eltern gegenüber empfinden. Wir wollen Mutter und Vater glücklich sehen – und glücklich machen, wenn sie es nicht sind. Wir übernehmen unbewusst einen Auftrag. Dieser Auftrag ist eine der Nebenwirkungen, deren wir uns im Erwachsenenalter bewusst werden können – wenn überhaupt. Oft sind es Beziehungsprobleme, die uns dazu bringen, diese Aufträge aufzuspüren, weil wir sie in unserer Beziehung reinszenieren.

Dass wir Mutter oder Vater glücklich machen wollen, ist natürlich eine Überforderung, denn: Kann ein kleines Kind eine Mutter oder einen Vater wirklich glücklich machen? Es ist eine Selbstüberschätzung des Kindes, wenn es glaubt, dafür zuständig zu sein. Eine Eltern-Kind-Beziehung ist eine Einbahnstraße insofern, als die Eltern ihrem Kind Zuwendung, Nahrung und Aufmerksamkeit geben, egal, ob es sie gerade anlacht oder weint oder sich in einem Wutanfall am Boden wälzt, nicht umgekehrt.

Diese Selbstüberschätzung ist natürlich keine bewusste, und auch der Wunsch, Vater oder Mutter glücklich zu machen, ist kein bewusst gewählter. Im ersten Kapitel haben wir Ihnen die Methode des Theaterblicks vorgestellt sowie die Notwendigkeit, dafür den Stirnlappen einzuschalten. Das ist natürlich eine Fähigkeit, die wir als Kinder noch gar nicht entwickelt haben. Bis etwa zum Ende des zweiten Lebensjahres haben wir überhaupt kein explizites, sondern nur ein implizites Gedächtnis. Das bedeutet, dass alle unsere Erfahrungen zwar in unserem Körper, in unseren Zellen gespeichert werden, doch gibt es keine bewusste Repräsentation in unserem Gehirn, die wir somit auch nicht ins Bewusstsein rufen können.

Selbst danach, wenn sich langsam das explizite Gedächtnis entwickelt und wir über unsere Erlebnisse auch erzählen können, bleibt die Gabe, den Theaterblick einzunehmen, doch den Erwachsenen vorbehalten. Somit können wir als Kind nicht denken: »Meinen Eltern geht es nicht gut miteinander, sie haben ein Problem, das sie nicht lösen können. Doch das hat nichts mit mir zu tun, ich bin ein willkommenes Wesen, das glücklich und zufrieden leben darf.« Könnten wir diese Denkleistung erbringen, sähe es in der Welt ganz anders aus, sodass die Psychotherapeutinnen und -therapeuten dieser Welt wesentlich weniger zu tun hätten.

Wie alte Aufträge uns belasten

Renate und Georg kamen zu uns in die Paartherapie, weil sie sich schon länger ein Kind wünschten, doch es wollte nicht klappen, obwohl sie auf medizinischer Ebene bereits alles abgeklärt hatten. Sie waren beide sehr ungeduldig, schließlich tickte die biologische Uhr! Wir baten sie, sich auf eine Entschleunigung einzulassen und stellten ihnen unser wichtigstes Werkzeug vor, den Imago-Paardialog. Wenn Sie, liebe Leserin, lieber Leser, unser erstes Buch »Leih mir dein Ohr und ich schenk dir mein Herz« gelesen haben, wissen Sie, wovon wir sprechen. Falls nicht: Der Dialog ist ein wechselseitiges, aber nicht gleichzeitiges Besuchen im Land des anderen. Einer spricht, der andere hört zu und spiegelt, das heißt, er wiederholt, was er soeben gehört hat. Dabei wird weder bewertet, noch gibt man eigene Gedanken oder Interpretationen dazu, sondern gibt bloß die gehörten Worte des anderen wieder. Die Wirkung ist für beide ganz besonders, vor allem für diejenige, die spricht, denn vielleicht erlebt diese Person sogar zum ersten Mal in ihrem Leben, dass ihr jemand wirklich, wirklich zuhört und ganz bei ihren Gedanken und Gefühlen ist. Das schafft Vertrauen, sodass andere, tiefere Schichten aus dem Unterbewusstsein auftauchen können, die bis dahin nicht zugänglich waren.

Renate erzählte Georg im Dialog von ihrer Scham, nicht schwanger werden zu können, und wie sehr sie sich damit quälte. »Wenn wir uns dann einmal Zeit für uns nehmen und essen gehen, sitzt du mir mit einem teilnahmslosen Gesicht gegenüber und erzählst gar nichts von dir. Ich sehe nur das Leid in deinem Gesicht und habe keine Chance, dich zu erreichen«, sagte sie. Wir fragten sie, ob sie dieses Gefühl aus ihrer Kindheit kenne. In der sicheren Atmosphäre kam eine Erinnerung hoch, und Renate kam auf ihre Mutter zu sprechen. Als Renate ein Jahr alt war, hat der Vater die Mutter verlassen. Im Laufe ihres Älterwerdens hörte sie von ihrer Mutter oft, dass sie so unglücklich sei, weil sie verlassen wurde, dass sie nie wieder einen

Mann finden würde, der sie so glücklich machen könne wie Renates Vater. Es war klar erkennbar, dass sich die Mutter nie von ihrem Mann wirklich verabschiedet hatte und jetzt ihre ganze Liebe über Renate stülpte – für Renate war dies immer mit dem Gefühl verbunden, dass ihre Mutter unglücklich sei. Instinktiv übernahm Renate den unausgesprochenen Auftrag, die Mutter glücklich zu machen. Und scheiterte, was nicht überraschend ist. Schließlich konnte sie doch der Mutter nicht den Partner ersetzen.

Als Georg diese Geschichte hörte, ging ihm ein Licht auf. »Ich verstehe dich jetzt viel besser. Wenn ich dir mit sorgenvollem Blick gegenübersitze, erinnere ich dich an deine Mutter, die du vergeblich versucht hast, glücklich zu machen. Wenn du jetzt ein weiteres Mal scheiterst, indem du mich nicht glücklich machst, macht dich das einsam und ohnmächtig.« Das sind diese magischen Momente in der Paartherapie, die wir so sehr schätzen: Wenn der Partner bzw. die Partnerin die Nebenwirkungen der Sozialisation so klar und deutlich erkennen kann, entsteht ganz viel Nähe und ein Stück Heilung.

Auch Georg entdeckte ein ähnliches Thema in seiner Ursprungsfamilie. Seiner Mutter fehlte allerdings weniger der geliebte Mann als der Beruf, der sie glücklich gemacht hätte. Georgs Mutter war Anwältin gewesen, ehe sie wegen der Geburt ihres Sohnes den Beruf an den Nagel hängte und nie wieder aufnahm. Auch sie hat immer wieder zu verstehen gegeben, dass sie ihren geliebten Beruf sehr vermisse.

Beide, sowohl Renate als auch Georg, haben als Kind erlebt, dass ihre Mütter unglücklich war. Sie wollten sie mit aller Kraft glücklich machen, doch mussten sie erfahren, dass ihnen das nicht wirklich gelungen war. Daraus entstand eine tiefe Angst, auch später jemanden nicht glücklich machen zu können. Dass Renate nicht schwanger werden konnte, führte sie auf zu wenig Sicherheit und Vertrauen in sich selbst, in Georg und in ihren eigenen Körper zurück. Beide hatten nicht das Vertrauen, jemand anderen glücklich machen zu können, also wollte es auch mit dem Schwangerwerden nicht klappen. Es tauchten Probleme auf, die Beziehung wurde immer unsicherer. Loslassen, sich entspannen und sich in der Sexualität fallen zu lassen, wurde damit immer schwieriger.

Die Entdeckung, dass sie beide ein ähnliches Thema aus ihrer Kindheit mit sich herumtrugen, brachte sie wieder näher zusammen. Sie halfen sich gegenseitig, ihre Kindheit zu betrauern und sich von ihrem kindlichen Auftrag zu befreien. Es ist sehr heilsam zu erkennen, dass man eine Verantwortung trägt, die einem gar nicht gehört, und ihr den rechten Platz zu geben. Denn die Aufgabe, die Mutter glücklich zu machen, hat ganz allein die Mutter selbst.

Auch für erwachsene Töchter und Söhne ist es eine Überforderung, die Eltern glücklich zu machen – ein weiterer Grund dafür, die Verantwortung dorthin zurückzugeben, wo sie hingehört. Außerdem machen wir unsere Eltern klein, wenn wir ihnen Verantwortung für das Gelingen ihres Lebens abnehmen. Indem wir glauben, für ihr Glück zuständig zu sein, trauen wir ihnen implizit nicht zu, dass sie sich die entsprechenden Ressourcen verschaffen, um ihr Glück selbst in die Hand zu nehmen.

Die Beziehung zu den Eltern zurechtrücken

Wenn wir erwachsen sind und uns vor den zuvor beschriebenen Problemen schützen wollen, sollten wir eine realistische, angemessene Beziehung zu unseren Eltern finden. Manche glauben, sich emanzipiert zu haben, wenn sie große Distanz aufgebaut oder gar die Beziehung abgebrochen haben. Andere wiederum bleiben in einem symbiotischen Verhältnis, leiden mit und vereiteln damit ihre eigenen, individuellen Lebensziele.

Es ist sehr verständlich, dass man wütend wird, wenn man erkennt, dass man viel zu lange durch einen verdeckten Auftrag belastet wurde. All die Enttäuschung über das Scheitern und auch der Zorn den Eltern gegenüber kommen hoch. Es ist gut, die Wut zu spüren und zu überlegen, wie man diese Energie anders nützen könnte. Doch Eltern zu beschuldigen führt à la longue in die Sackgasse. Eltern beauftragen ihre Kinder nicht bewusst, ebenso wenig wie Kinder diese Aufträge bewusst annehmen. Von dem überzogenen Machtgefühl »Ich kann meine Mutter glücklich machen« ins Gegenteil zu kippen und zu sagen, »Es ist mir egal, wie es ihr geht«, ist zwar kurzfristig eine Befreiung, doch eigentlich leugnet man dadurch das Mitgefühl und die Liebe, die man gegenüber den Eltern empfindet, und damit auch einen Anteil der eigenen Geschichte.

Loslassen

Wie schon erwähnt, veranstalten wir Generationen-Workshops, an denen eine erwachsene Tochter oder ein erwachsener Sohn mit einem Elternteil teilnehmen. Ein wesentliches Thema ist dabei immer das Loslassen. Es ist nämlich gar nicht so einfach, die Verantwortung zurückzugeben und darauf zu vertrauen, dass Mutter oder Vater das eigene Glück in die Hand nehmen – oder auch nicht. Genauso schwierig kann es sein zu akzeptieren, wie sie es in die Hand nehmen. Schließlich hat man sich von Kindheit an damit beschäftigt, was der Mutter oder dem Vater Glück bescheren könnte – man ist sozusagen Experte darin. Nun zu beobachten, dass der Elternteil das ganz anders angeht, ganz andere Strategien fährt, mag in einem den Verdacht schüren, dass es der falsche Weg sein könnte. Ein Beispiel:

Renate – Sie kennen sie bereits von weiter oben – besuchte mit ihrer Mutter unseren Workshop. Als es darum ging, dass sie ihr die Verantwortung für ihr Glück zurückgeben wollte, war es für beide ein sehr bewegender Moment, und die Mutter nahm den Auftrag schließlich bereitwillig zurück. Die Mutter war zunächst sehr verwundert, dann bestürzt darüber gewesen, wie lange ihre Tochter diese Verantwortung getragen hatte, und bedankte sich. Renate, die zu diesem Zeitpunkt die Hintergründe dieser Geschichte schon gut erforscht hatte, bedankte sich ihrerseits, dann hielt sie plötzlich inne und sagte: »Du weißt aber schon, wo dieser Auftrag wirklich hingehört? Das musst du deiner Mutter weitergeben!« – »Liebe Renate«, war die Antwort, »ich bin gerade dabei, dieses Päckchen näher zu betrachten und es kennenzulernen. Ich werde schauen, wohin es gehört, bitte vertraue mir, dass ich mich darum kümmere.«

Loslassen bedeutet, die Verantwortung mit allen Konsequenzen tatsächlich abzugeben. Akzeptieren Sie, was immer Ihre Mutter oder Ihr Vater tun wird. Selbst wenn sie den Auftrag nicht zurücknehmen möchten, sollte das für Sie in Ordnung sein. Wenn wir dem Elternteil Vorschriften machen, was er damit tun soll, oder ganz konkrete Erwartungen an ihn haben, haben wir die Verantwortung für den Auftrag nicht wirklich abgegeben. Denn wir verhalten uns dann noch immer aus demselben Omnipotenzgefühl heraus wie früher, in dem Glauben zu wissen, was für sie gut ist. Natürlich kann es auch passieren, dass Eltern unangemessen reagieren und in Extremfällen sogar von Selbstmord sprechen: »Ich hab mich so für dich aufgeopfert und jetzt bist du so undankbar. Wenn das so ist, will ich nicht mehr leben.« In solchen Fällen ist es wichtig, sich professionelle Hilfe zu holen.

In den meisten Fällen führt das Loslassen von Verantwortung, die einem nicht gehört, jedoch zu Befreiung auf beiden Seiten. Auch wenn der Elternteil schon gestorben sein sollte, ist dieser Effekt möglich. Loslassen ist ein bewusster und aktiver Prozess, der Sie befreit und Ihnen den Weg zu Ihrer eigenen Kraft ebnet, mit der Sie Ihre Beziehungen, Ihre Lebensziele besser gestalten und somit einen großen Teil der Nebenwirkungen Ihres emotionalen Erbes auflösen können.

Raus aus der Symbiose – sich selbst »beeltern«

Es ist menschlich, wenn wir von unserem Partner verlangen, dass er uns glücklich macht, dass er uns so behandelt, wie wir uns das wünschen, wie wir es vielleicht selbst nie erlebt haben und uns umso mehr danach sehnen. Doch wo bleibt dann die gleichwertige Beziehung? Wir begeben uns auf die Art und Weise nämlich in Abhängigkeit, in eine Art Symbiose: Ich bin nur dann glücklich, wenn mich meine Partnerin so behandelt, wie ich mir das wünsche. Irgendwann werden wir zum sorgebedürftigen Kind – und spätestens dann gibt es Probleme bei Intimität und Sexualität. Meist kommen die nämlich zum Stillstand.

Wenn Sie Ihr Glück vom Verhalten Ihrer Partnerin abhängig machen, dann tun Sie nichts anderes, als das Familienmuster fortzusetzen. Ihr Vater hat Sie für sein Glück verantwortlich gemacht, und nun machen Sie Ihren Partner für Ihr Glück verantwortlich – alles unbewusst natürlich. So rutschen Sie jedoch nur von einer symbiotischen Beziehung in die nächste. Renate und Georg haben daran gearbeitet, ihre Familienmuster umzuwandeln. Gegen Ende der Therapie konnte sie zu ihm sagen: »Immer wenn ich mich beschweren möchte, dass du dich nicht ausreichend um mich kümmerst, werde ich stattdessen mir selbst etwas Gutes tun.« Darum geht es beim Auflösen solcher Probleme: die eigene Verantwortung zuerst entdecken und dann auch umsetzen, anstatt sich zu beschweren.

Das ist die größte Verpflichtung, die wir uns selbst gegenüber haben: auf die eigenen Bedürfnisse zu schauen und nicht darauf zu warten, dass der Partner, die Partnerin errät, was ich gerade brauche. Eine erwachsene, gereifte Beziehung ist nur möglich, wenn wir uns erwachsen verhalten und selbst für uns sorgen, uns also selbst »beeltern«. Heute wird viel von Freiheit geredet. Dass Freiheit allerdings in uns selbst entsteht, vergessen wir dabei allzu gern, und am meisten in Liebesbeziehungen. Wir schaffen für uns den größten Freiheitsspielraum, wenn wir selbst Ideen entwickeln, wie wir uns glücklich machen, anstatt die Schuld dem Partner anzuhängen.

Das soll natürlich nicht heißen, dass man den Mann, die Ehefrau nicht um Hilfe bitten kann. Das ist sogar eine gute Idee, denn oft freuen sie sich sogar darüber, uns beim Überwinden der Risiken und Nebenwirkungen unseres emotionalen Erbes zu unterstützen. Wir brauchen unsere Partner, um uns weiterzuentwickeln. Es ist daher eine Fehlannahme zu glauben, man müsse sich zuerst selbst lieben und erst selbst glücklich sein können, bevor man eine gute Beziehung beginnen kann. Diese Ansicht ist viel zu extrem. Würden das alle beherzigen, gäbe es auf der ganzen Welt keine Paarbeziehung und alle Menschen würden stattdessen auf der Suche nach Selbstfindung herumlaufen. Die Partnerin bei der Suche nach einem gesünderen, besseren Weg zum Glück mit ins Boot zu holen, ist auf jeden Fall klug.

Wenn du es eilig hast, gehe langsam

Renate und Georg wollten ein Kind, und das so schnell wie möglich, denn sie waren beide schon über 35. Die Gefahr in solchen Situationen ist, dass man nur auf schnelle Lösungen achtet. Doch solange wir in unseren alten Mustern stecken, überfordern uns solche Lösungen und sie greifen nicht. Man erkennt sie daran, dass sie meist als Vorschlag von anderen kommen: von der Partnerin, vom besten Freund, von den Eltern oder der Schwester. Diese Vorschläge resultieren zudem aus der Welt und den Stressmustern dieser wohlmeinenden Menschen und müssen für uns selbst gar nicht passen.

Eines der wichtigsten Elemente in der Therapie ist die Entschleunigung, denn durch das Verlangsamen entsteht Sicherheit – und die ist essenziell, damit man sich öffnen und aufmerksam die Dinge betrachten kann, um die es wirklich geht. Denn hinter offensichtlichen Problemen steckt oft ein tiefer liegendes Thema. Erst wenn man dieses kennt, lässt sich das offensichtliche Problem richtig lösen. In unserer Praxis bieten wir den Imago-Paardialog an, bei dem nur einer spricht und der andere zuhört und wiederholt, was er gehört hat. Auf diese Weise verlangsamen sich der Denk- und Gesprächsprozess, denn die Kommunikation ist viel leichter, wenn man sich nur auf das Sprechen oder Zuhören konzentrieren muss. Als Renate und Georg zu uns in die Paartherapie kamen, wurde das nicht gleich akzeptiert. »Ich habe keine Zeit, lange Dialoge zu führen. Meine biologische Uhr läuft ab, ich möchte zu einem schnellen Ergebnis kommen«, sagte Renate. Sie wünschten sich von uns eine Erklärung und eine Lösung, damit sie ein Kind bekommen könnten.

Zum Glück haben sich die beiden dann doch darauf eingelassen und konnten so ein großes Stück Selbstbewusstsein und Selbstvertrauen wiederfinden. Heilung geschieht nicht, wenn wir unsere Partnerin mit Lösungsvorschlägen bombardieren, sondern wenn wir ihr Halt geben und für Ruhe und Sicherheit sorgen. Renate brachte es einmal auf den Punkt: »Endlich ist jemand für mich da, der mich einfach nur hält.« Keine Rede war da mehr von biologischer Uhr und davon, dass sie keine Zeit zu verlieren habe.

Meine Kinder sollen es besser haben

Wenn Sie selbst Kinder haben oder welche haben möchten, haben Sie beim Lesen dieses Kapitels vielleicht einmal gedacht: »Meine Kinder sollen es einmal besser haben.« Doch so ehrenwert dieser Vorsatz ist, so sehr laufen Sie Gefahr, von einem Extrem ins andere zu kippen. Denn auch darin steckt ein Auftrag: Ich habe es zwar nicht so gut gehabt, aber du sollst es besser haben.

So sehr wir Eltern auch unser Verhalten reflektieren, den Kindern gegenüber großzügig sind und immer bereit sind dazuzulernen, so wichtig ist es auch, Vertrauen zu ihnen zu haben. Sie sind bestimmt für ihr Leben gerüstet und ihrem Schicksal gewachsen. Sie werden ihre eigenen Schritte machen. Dazu gehört auch, dass sie eine Partnerin bzw. einen Partner finden, der ebenso auf ihr emotionales Erbe hinweisen wird. So gesehen können wir uns als Eltern viel öfter zurücklehnen und unsere Kinder machen lassen. Sie werden uns vielleicht dabei um Unterstützung bitten, und dann ist es gut, wenn wir sie ihnen gewähren können.

Hinter den Kulissen

Sabine, 54 Jahre

Es war einer der unzähligen Machtkämpfe meiner Eltern, die ich als Vierjährige ständig miterlebte. Und jedes Mal, wenn ich ihre Streitgespräche bis in mein Kinderzimmer hörte, stieg mein Angstpegel. Mein Vater war wochentags so gut wie nicht präsent. Am Morgen, wenn ich in den Kindergarten ging, schlief er noch, am Abend, wenn ich schlafen ging, war er noch in seinem Geschäft und arbeitete. Ich kannte ihn nur vom Wochenende. Daher war für mich ganz klar: Wenn meine Mutter uns verließ, dann war ich ganz allein. Eine Vorstellung, die für eine Vierjährige untragbar ist. Heute weiß ich, dass ich damals, auf dem Weg vom Bad in mein Kinderzimmer, beschloss, für das Glück meiner Mutter verantwortlich zu sein. Wenn ich sie nur ganz fest lieb habe, dachte ich, wenn ich sie nur lieb genug anschaue, dann bleibt sie. Ich nahm mir vor gut aufzupassen, damit sie nicht wieder so böse wird, dass sie gehen will. Und ich wurde richtig gut darin, sie bei Laune zu halten. Später hörte ich öfters von meiner Mutter: »Wenn du kommst, Sabine, dann geht die Sonne auf.« Gleichzeitig hoffte ich, dass mich mein Vater irgendwann einmal wahrnehmen würde, mir Aufmerksamkeit schenken würde. Schließlich schaffte ich es ja, die Mutter zum Bleiben zu motivieren. Irgendwann, so dachte ich, werden sie sich schon wieder lieb haben, und dann geht es den beiden gut.

Als Fachfrau weiß ich heute, was sich in der Beziehung meiner Eltern abgespielt hat. In ihrem dynamischen Beziehungstanz war mein Vater der Minimierer, die Schildkröte, der den Kopf einzog, sobald Gefahr drohte. Er war im Streit kurz an-

gebunden oder überhaupt schweigsam und am Ende erstarrte er regelrecht. Er schaffte es gerade noch, mich zur Mutter zu schicken, damit ich an seiner statt etwas unternahm. Meine Mutter war der personifizierte Hagelsturm, sie brachte Streitgespräche ins Rollen, zeigte ihren Zorn, sie übertrieb und dramatisierte. Und dann flüchtete sie ins Badezimmer, um ihre Siebensachen zu packen und uns zu verlassen.

Meine Mutter schrie es förmlich heraus, dass mein Vater sie nicht glücklich machen konnte. Also übernahm ich das. Für mein späteres Beziehungsleben hatte das natürlich Folgen. Wenn mein Mann Roland mit viel Stress heimkam, war mein unwillkürlicher Impuls: Ich muss ihn stabilisieren, ich muss ihn glücklich machen. Gleichzeitig wurde ich zornig, denn schon wieder musste ich jemanden glücklich machen. Und wer macht mich glücklich? Damit die Stresssituation aber nicht eskalierte, war ich beschwichtigend, harmonisierend. Ich stellte mich nicht dem Konflikt, denn Konflikt war hochgefährlich, so hatte ich es von klein auf gelernt.

Dieses Verhalten war mir natürlich nicht bewusst, auch nicht in den ersten Jahren meiner Beziehung mit Roland. Ich war diejenige, die schwieg und somit scheinbar für Harmonie sorgte. Wenn Roland mich fragte, ob etwas mit mir nicht in Ordnung sei, sagte ich: »Nein, es ist nichts.« Nur in meinem Blick muss er erkannt haben, dass etwas nicht in Ordnung war, sonst hätte er nicht gefragt. Wahrscheinlich habe ich so ähnlich geschaut wie mein Vater im grünen Ohrensessel, denn auch er war ein Großmeister im Verdrängen und Unter-den-Teppich-Kehren. Unter dem Teppich wuchs die Aggression. Es war nur eine Frage der Zeit, bis der große Konflikt zwischen Roland und mir ausbrach.

Als Kind kann man nicht das Glück für die Eltern einfangen. Ich spüre auch heute noch manchmal den Impuls, meinen Mann bei Stress zu unterstützen, die Wogen zu glätten, damit es ihm wieder besser geht. Doch in solchen Momenten, in denen ich glaube, meinen Mann nicht glücklich machen zu können, blicke ich heute zuerst auf die kleine vierjährige Sabine, die in mir lebt und mit Herzklopfen die Mutter anfleht, sie möge doch bleiben. Diese kleine Sabine nehme ich sozusagen auf den Schoß, beruhige sie und mache mir klar, dass ich jetzt, mit 54 Jahren, für mich sorgen und in meinem Leben selbst Regie führen kann.

Es ist meine Aufgabe, die beste und liebste Mutter für die kleine Sabine in mir zu sein. Das ging natürlich nicht von heute auf morgen, ich habe das in einem langen Prozess gelernt. Noch immer kann Roland bei mir diesen Knopf drücken, wenn es ihm einmal nicht gut geht – ähnlich wie meine Mutter regelmäßig diesen Knopf drückte, und ich reagierte. So gesehen trainiert Roland mich darin, diesen Knopf zu entlarven, ihn bewusst zu erkennen. Denn nur dann kann ich das Richtige tun: zuerst mich selbst beruhigen und dann aus einer erwachsenen Position heraus zu Roland sagen: »Ich bin für dich da, ich liebe dich.« Dann gilt es, die Ruhe zu haben, um abzuwarten, ob Roland mich überhaupt braucht oder ob er sich nicht selbst stabilisieren will. Das ist der Weg, wie wir uns beide auf Augenhöhe, als gereifte und erwachsene Menschen begegnen können.

Meine Eltern sind schuld, dass ich nicht glücklich bin

Beipackzettel

Gebrauchsinformation: Dieses Kapitel hilft bei starkem Druck und Schmerzen an Schultern und Rücken, die durch übermäßig langes Tragen schwerer emotionaler Rucksäcke verursacht werden. Es ist ein seit Jahren erfolgreich erprobtes Mittel gegen Schuldgefühle.

Warnhinweise und Vorsichtsmaßnahmen: Das Auflösen von Schuld kann Ihre Verkehrstüchtigkeit gegenüber Ihrem Partner sowie gegenüber Arbeitskollegen, Vorgesetzten, aber auch Geschwistern und Eltern beträchtlich erhöhen und kurzfristig für Verwirrung sorgen.

Die Last auf meinen Schultern

Roland und Sabine, 48 und 47 Jahre, auf einer Hochalm

Die Morgensonne steht über dem Talschluss und wärmt das kleine Grüppchen Menschen vor der Almhütte, das gerade die Rucksäcke für eine Wanderung packt. Sabine ist bestens gelaunt und scherzt mit den Freunden Claudia und Karl. Nur Roland ist auffallend still. Als sie weggehen, gesellt sich Sabine zu ihm.

»Was ist mit dir, Roland?«

»Ich weiß auch nicht. Ich hab schlecht geschlafen und habe mich mit Ängsten gequält, dass ich nicht gesund wäre und bald sterben müsste. Grausig!«

»Ach Roland, du bist doch ein gesunder, kräftiger Mann! Es gibt gar keinen Grund, dir Sorgen um deine Gesundheit zu machen!« Doch Roland bleibt ernst. Er will auch nicht weiter

darüber reden und geht grübelnd den Bergpfad entlang, während die anderen das strahlende Wetter, den würzigen Duft der Almwiesen und die herrliche Aussicht genießen.
Ein paar Stunden später gehen die beiden wieder nebeneinander, Claudia und Karl sind ein Stück voraus, und so spricht Sabine ihren Mann wieder auf sein ernstes Gesicht an.
»Komm, Roland, sag mir, was dich beschäftigt. Wir müssen der Sache auf den Grund gehen, wenn du nicht einmal diese wunderbare Wanderung genießen kannst!«
»Nun ja, ich hab während des Gehens darüber nachgedacht, woher meine Angst vor dem Tod kommen könnte. Mir ist aufgefallen, dass ich mich irgendwie schuldig fühle.«
»Schuldig? Das Thema kenne ich. Erzähl weiter!«
»Eigentlich fühle ich mich schuldig, dass es mir so gut geht.«
»Das ist doch nicht dein Ernst, oder?«
»Doch. Es ist absurd, und trotzdem ist es so.«
»Roland, du hast so viel gearbeitet, du hast in den letzten Wochen und Monaten so viel für andere Menschen getan, da ist es doch nur rechtens, dass du es dir im Urlaub gut gehen lässt!«
Roland nickt langsam und schweigt. Sabine überlegt, dann fragt sie:
»Was machst du eigentlich, wenn du dieses Schuldgefühl hast?«

»Ich mache mich klein und möglichst unsichtbar. Und jetzt fällt mir gerade ein: Wenn ich Angst vor dem Tod habe, dann habe ich eigentlich Angst vor dem Leben, so sagt man doch. Damit mache ich mich auch klein.«

»Was meinst du, wann hat dieses Thema mit dem Schuldgefühl denn begonnen?« Und als Roland sie fragend anschaut, ergänzt Sabine: »Ganz spontan, wann, würdest du sagen, hat dieses Thema begonnen?«

»Bei meiner Geburt«, sagt Roland und ist dann selbst überrascht.

»Was ist denn damals passiert?«

Zum ersten Mal an diesem Tag muss Roland nun lächeln. »Woher soll ich denn wissen, was bei meiner Geburt passiert ist? Mir ist das jetzt nur so spontan eingefallen.« Und nun hat er Tränen in den Augen. Sabine entgeht das natürlich nicht.

»Was macht dich so traurig?«

»Das kann ich gar nicht sagen. Mir fällt nur gerade mein Vater ein. Ich habe lange nicht gewusst, dass er überzeugter Nationalsozialist war.«

»Was hat das denn mit deiner Geburt zu tun?«

Roland zuckt mit den Schultern. »Ich weiß nur, dass er keinem Menschen das Leben genommen hat, auch wenn er Nationalsozialist war. Und doch hat er ein System unterstützt, das ein so schreckliches Kapitel unserer Geschichte geschrieben hat.« Dann, nach kurzem Überlegen: »Es ist, als hätte ich kein Recht zu leben, weil durch dieses furchtbare Regime so viele Menschen ermordet wurden.« Roland schluchzt.

»Ich glaube, es würde dir guttun, wenn du deinem Vater vergibst, auch wenn er schon tot ist«, sagt Sabine. »Du hast keine Schuld an diesen Dingen.«

Schweres Gepäck

Von Schuldgefühlen ist noch kein Mensch gesünder, glücklicher, reifer oder reicher geworden, im Gegenteil, sie sind ganz gewaltige Energieräuber, die uns das Leben schwer machen. Als eine besonders starke Form der Risiken und Nebenwirkungen unserer Sozialisation rauben sie uns die Lebensfreude und den positiven, zuversichtlichen Blick auf die Zukunft. Und doch ist die Welt voll von Menschen, die sich für etwas schuldig fühlen, das nicht in ihrer Verantwortung liegt, oder die andere beschuldigen, um sich selbst nicht schuldig fühlen zu müssen. Viel Leid geht auf das Konto der Schuldzuweisungen, und der Bedarf an Psychopharmaka und Psychotherapie ist steigend. Viele Liebesbeziehungen scheitern, weil Schuldgefühle nicht bewusst gemacht, geschweige denn aufgelöst wurden.

Schuldgefühle und Schuldzuweisungen sind schweres Gepäck, und der erste Schritt, es ein wenig leichter zu machen, ist, die Mechanismen und Hintergründe zu begreifen, wie Schuld entstehen kann. Doch bevor wir uns darin vertiefen, möchten wir Sie zu einem Experiment einladen. Wären Sie bereit dazu?

Das Experiment

Wir möchten Ihnen mit ein paar Fragen das Thema dieses Kapitels ein Stück näherbringen. Bitten Sie jemanden, Ihnen bei diesem Experiment zu assistieren. Diese Person sollte Ihr Vertrauen genießen und Ihnen wohlwollend und wertschätzend gegenüberstehen, zum Beispiel ein guter Freund oder Ihre Partnerin. Was Sie noch brauchen: einen ruhigen Ort, an dem Sie von Dritten nicht gestört werden und niemand zuhören kann, ein Ort also, an dem Sie sich ganz entspannt zurücklehnen und Ihren Gedanken freien Lauf lassen können. Wenn Sie dieses Experiment beendet haben, gönnen Sie sich mindestens ein oder zwei Stunden, um es auf sich wirken zu lassen. Sprechen Sie erst dann darüber und lesen Sie auch erst nach ein, zwei Stunden im Buch weiter.

Das Experiment ist im Grunde ganz einfach: Bitten Sie die Person, Ihnen die nachfolgenden Fragen zu stellen. Sie lassen sich von den Fragen führen. Bleiben Sie offen und neugierig für das, was Ihnen dazu einfällt. Schließen Sie während des Interviews die Augen, damit Sie sich besser auf sich selbst konzentrieren können.

Die Fragenstellerin bzw. den Fragensteller bitten wir, die Fragen in der vorgegebenen Reihenfolge vorzulesen und für das Antworten die nötige Zeit zu geben. Bitte kommentieren Sie nicht, lassen Sie Ihre eigene Meinung lieber außen vor. Später, nach ein, zwei Stunden, können Sie mit Ihrer Freundin bzw. Ihrem Freund immer noch über das gemeinsame Gespräch reden, wenn der andere das möchte. Am Ende des Interviews geben Sie Ihrem Gegenüber eine Wertschätzung – zum Beispiel: »Ich finde es toll, dass du dich auf diese Gedankenreise begeben hast.« Oder »Ich bin beeindruckt, dass du dich traust, das alles auszusprechen.«

Sind Sie bereit? Dann kann es losgehen.

☞ Frage 1: Wofür fühlst du dich manchmal schuldig?

☞ Frage 2: Wenn du eine Person mit diesem Schuldgefühl verbindest – welche fällt dir spontan dazu ein?

☞ Frage 3: Was tust du bzw. was tust du nicht aufgrund dieses Schuldgefühls?

☞ Frage 4: Wann, glaubst du, hat dieses Thema mit dem

Schuldgefühl begonnen? – Die Antwort kann im Heute liegen, kann aber auch weit zurückliegen, vielleicht sogar vor deiner Geburt.

Anmerkung für den Interviewer: Wenn die Antwort sehr zeitnah ist, fragen Sie bitte nach: Wenn du davon ausgehst, dass dieses Thema doch schon viel früher begonnen hat, wann könnte das gewesen sein?

☞ Frage 5: Was ist damals passiert, als das Thema begonnen hat?
☞ Frage 6: Aus welchem Grund hast du das Schuldgefühl übernommen? An wessen statt hast du es übernommen?
☞ Frage 7: Stell dir vor, alles wäre damals gut verlaufen, sodass du keine Schuld übernehmen hättest müssen. Was hätte damals sein müssen, dass es für dich und für alle gut gelaufen wäre? Bitte erzähle nicht aus deiner Phantasie irgendein Märchen, sondern versuche, das, was war, so zu ändern, dass es sich für dich gut anfühlt und für die anderen stimmig ist. Du kannst auch Personen mit ins Spiel bringen, die zwar nicht dabei waren, die aber vielleicht wichtig und hilfreich gewesen wären.

Anmerkung für den Interviewer: Lassen Sie Ihrem Gegenüber Zeit, alles zu schildern. Wenn er (oder sie) geendet hat, sagen Sie: Jetzt ruhe einen Moment in diesen positiven Gefühlen, um zu spüren, wie es wirklich richtig und gut für dich gewesen wäre.

☞ Frage 8: Wenn du all dies spürst und überlegst – was wäre ein guter erster Schritt, um dieses Schuldgefühl loszuwerden?

☞ Frage 9: Wem müsstest du etwas sagen? Das kann eine lebende oder auch schon verstorbene Person sein. Was müsstest du ihr sagen? Sag es bitte in Wertschätzung und Liebe.

☞ Frage 10: Was ist deine wichtigste Erkenntnis aus diesem Experiment?

Anmerkung für den Interviewer: Das Interview ist nun zu Ende. Ihr Gegenüber kann nun die Augen wieder öffnen. Geben Sie ihm eine Wertschätzung für das, was Sie beeindruckt hat. Erinnern Sie sie (oder ihn), das Gespräch vorerst nur wirken zu lassen und frühestens in ein oder zwei Stunden darüber zu reden. Sie (oder er) sollte auch erst dann in diesem Buch weiterlesen.

Dieses Experiment hat auch Konradin gemacht und mit unserer Hilfe diese Fragen beantwortet. Er fühlte sich manchmal schuldig, weil er fünf Jahre zuvor seine Frau Miriam betrogen hatte. Seitdem war er nicht in der Lage, ihr zu sagen, dass er sie liebe. Stattdessen stürzte er sich in seine Arbeit.

Die Person, die ihm zu seinem Schuldgefühl als Erstes einfiel, war natürlich seine Frau Miriam, doch interessanterweise musste er auch ganz stark an seine Mutter denken. Auf die Frage, wann denn dieses Thema begonnen habe, antwortete er: »Vor fünf Jahren, als die Affäre begann.« Und als wir nachfragten: »Eigentlich hat es schon begonnen, als mein Vater angeblich eine Affäre hatte. Ich erinnere mich, als ich etwa fünf Jahre alt war, sagte meine Mutter in einem Streitgespräch zu meinem Vater, er könne doch gleich bei dieser blöden Frau bleiben. Gemeint war die Sekretärin meines Vaters. Meine Mutter war immer auf sie eifersüchtig. Verständlich, schließlich hat mein Vater mehr Zeit mit ihr verbracht als mit meiner Mutter. Doch mein Vater hat bis zu seinem Tod beteuert, dass er nie eine sexuelle Beziehung zu dieser Frau hatte.«

Bis heute hatte Konradin das Bild seiner Mutter vor Augen, wie sie so verzweifelt eifersüchtig war. Geschürt wurde diese Eifersucht noch von deren Mutter, die ihr immer wieder sagte, auf Männer sei kein Verlass. Aus der Sicht von Konradins Großmutter verständlich, denn der Großvater hatte tatsächlich viele Affären. Damit war auch klar, wann das Thema tatsächlich begonnen hatte: lange vor Konradins Geburt, bereits bei seinem untreuen Großvater. Konradin hatte Tränen in den Augen, als er erkannte: Ganz offensichtlich hatte er als Kind das Schuldgefühl übernommen, das zwischen seinen Eltern stand, »damit mein Vater frei ist und meine Mutter glücklich machen kann«. Was hätte stattdessen passieren müssen? »Richtig wäre gewesen, wenn mein Großvater sich bei meiner Großmutter entschuldigt hätte und eingesehen hätte, wie sehr er sie mit seinen Affären verletzt. Auch wenn meine Großmutter ein ziemlicher Hausdrachen sein konnte, so hätte er ihre Not erkennen müssen. Außerdem wäre es wichtig gewesen, dass er ihr eine Grenze setzt, anstatt in die nächste Affäre zu flüchten. Richtig wäre auch gewesen«, fuhr er weiter fort, »wenn meine Großmutter meiner Mutter nicht gesagt hätte, dass alles nur die Schuld des Großvaters bzw. der Männer ist, sondern dass sie beide einen Machtkampf führten, bei dem sie sich abwechselnd weh taten und sich dabei immer weiter steigerten.« Was Konradins Eltern betraf, wäre es richtig gewesen, wenn der Vater die Ängste der Mutter ernst genommen und ihr geholfen hätte, wieder zu vertrauen. »Ich glaube, dass mein Vater tatsächlich treu war, doch er konnte ihr das nie vermitteln. Er sagte zwar immer wieder, dass da nichts sei – doch das überzeugte meine Mutter natürlich nicht. Er hätte sagen müssen: ›Ich liebe nur dich und ich will dir zeigen, dass du die einzige Frau in meinem Leben bist, mit der ich durchs Leben gehen will.‹ Doch dazu war er nicht in der Lage.«

Konradin erkannte den nächsten sinnvollen Schritt für sich, um diese Schuldgefühle loszuwerden. Er würde zu seiner Frau Miriam gehen und sie fragen, ob sie ihm vergeben habe. Er würde sie bitten, ihm zu sagen, wenn da noch ein Groll wäre oder ein Schmerz, sodass er ihr helfen könne, dieses Thema gut abzuschließen. In diesem Moment wurde Konradin klar, dass das, was er seiner Frau nun sagen wollte, genau das war, was sein Großvater seiner Großmutter hätte sagen müssen.

Es war ihm auch wichtig, seiner Mutter etwas zu sagen, ihr zu erzählen, wie er als Fünfjähriger ihren Schmerz und ihre Angst gespürt habe und stellvertretend Schuldgefühle übernommen habe, damit seine Eltern glücklich werden konnten. Er würde seiner Mutter sagen, dass das aus heutiger Sicht natürlich einer Überforderung gleichkam und im Grunde genommen ein Ausdruck seiner Liebe zu den

Eltern war. »Ich habe sozusagen diesem Schuldgefühl vor fünf Jahren Folge geleistet und hatte im Unterschied zu meinem Vater wirklich eine Affäre. Doch ich bin erwachsen und werde mit Miriam dieses Thema gut klären. Nicht zuletzt auch deshalb, damit unsere Kinder sehen können, dass sich diese Geschichte nicht wiederholen muss.«

Gebundene Energie

Schuldgefühle bremsen die Lebenskraft aus. Es ist, als ob man mit angezogener Handbremse versucht, Gas zu geben, und feststellen muss, dass man nicht richtig weiterkommt. In Konradins Beispiel kann man gut erkennen, wie sehr seine Energie gebunden ist: anstatt mit seiner Frau in guter Verbindung zu bleiben, beginnt er eine Affäre, die im Grunde genommen nicht nur für alle Beteiligten belastend, sondern auch energetisch sehr anstrengend ist. Anstatt seiner Frau seine Liebe zu gestehen, stürzt er sich in die Arbeit. Das ist zwar sozial anerkannt, doch wenn er so viel arbeitet, leidet das Familienleben. Er kann damit zwar sein Schuldgefühl sozusagen »abarbeiten«, weil er viel Geld verdient, doch gleichzeitig bestraft er sich selbst damit: Er hat keine Zeit für die schönen Dinge des Lebens.

Auf Dauer ist dieser Zustand in jeder Hinsicht ungesund. Nicht nur die Seele leidet und die persönliche Entwicklung wird unterdrückt. Auch der Körper verspannt sich. Wäre Konradin nicht durch seine Schuldgefühle getrieben, sondern aus freien Stücken motiviert, viel zu arbeiten, wäre das beflügelnd und gesund. So aber kommt das Arbeitspensum einer Selbstbestrafung gleich.

Wer hat Schuld?

Es gibt Menschen, die sind perfekt darin, sich selbst die Schuld zu geben, und solche, die sind Meister im Beschuldigen anderer. Weder mit der einen noch mit der anderen Strategie kommt man weiter. Man stellt ein Ungleichgewicht her, verhindert, dass man sich auf Augenhöhe begegnet – und kann demnach auch keine Lösung finden.

Stellen Sie sich eine Wippschaukel vor, wie man sie auf Kinderspielplätzen findet: An einem Ende sitzen Sie, am anderen Ende Ihr Partner. Nun laden Sie sich selbst die Schuld auf. Wie ein großer Stein drückt sie Sie nach unten. Ihr Partner jedoch baumelt oben in der Luft. Eine Begegnung auf Augenhöhe ist nicht möglich.

Betrachten wir nun den anderen Fall. Angenommen Sie schieben Ihrer Partnerin die Schuld zu. Sie werfen den schweren Stein zu ihr hinüber, sodass sie am Boden landet. Nun hängen Sie in der Luft und zappeln mit den Beinen und haben den Boden unter den Füßen verloren. Erst wenn Sie den Stein in die Mitte legen als Zeichen dafür, dass Sie ihn beide gleichermaßen zu verantworten haben, kommt die Wippschaukel in Balance, und Sie können auf gleicher Augenhöhe miteinander kommunizieren.

Andere schuldig zu machen, das hat ganz unterschiedliche Formen. Die direkte, unmissverständliche Art ist zu sagen: »Du magst mich nicht.« Oder: »Du kümmerst dich nicht um mich.« Man bleibt in einer permanenten Vorwurfshaltung. Doch was erreicht man damit? Man schiebt die Verantwortung dem anderen zu und damit auch sämtliche Handlungsmöglichkeiten. Wenn man dem anderen

Schuld zuschreibt, verpflichtet man ihn gleichzeitig dazu, etwas zu verändern. Sich selbst jedoch gibt man dieses Pouvoir nicht – und das macht einen ohnmächtig. Man ändert also selbst nichts, der andere auch nicht – die Situation bleibt mit einem Wort gleich schlecht, wie sie war.

Eine andere, auch sehr verbreitete Form der Schuldzuweisung ist subtiler: Man beschert sich selbst ein schlechtes Leben und kümmert sich nicht darum, es zu verbessern. Aus jeder Pore jammert es: »Was bin ich für ein armer Mensch! Seht doch, wie schlecht es mir geht!« Zwischen den Zeilen steht: »Meine Eltern sind schuld, dass es mir so schlecht geht, ich hatte eine schwere Kindheit. Ich habe von meinen Eltern nie das Richtige und immer nur das Falsche bekommen.« Solche Menschen sitzen vor der vollen Schüssel und verhungern. Sie hätten so viel Potenzial, ihr Leben schöner zu gestalten, doch sie tun es nicht und gehen stattdessen als lebendiger Vorwurf durch das Leben.

Wie sich eine solche Lebenseinstellung auf Liebesbeziehungen auswirkt, liegt auf der Hand. »Auch du kannst mich nicht glücklich machen«, ist dann die unbewusste Botschaft oder, wenn man zur Strategie neigt, sich gerne selbst die Schuld zuzuweisen: »Ich kann meinen Partner nicht so lieben, dass er wieder so lacht wie damals, als wir uns gerade verliebten.«

Wird die Schuldzuweisung offen ausgesprochen, ist das auf den ersten Blick herausfordernder, vielleicht auch verletzender. Doch man hat so die Möglichkeit, sich damit auseinanderzusetzen. Man kann sich verteidigen. Das führt natürlich leichter zu Konflikten, als wenn die

Schuldzuweisung subtil und verdeckt ist. Sie ist jedoch leichter zu decodieren und kann damit meist auch schneller aufgelöst werden.

Das magische Denken der Kinder

Risiken und Nebenwirkungen der Sozialisation können vererbt werden und sich im Fall von Schuldgefühlen schon in Vorgenerationen manifestieren. Der Ursprung für unser Empfinden liegt meistens in unserer Kindheit. Und sie entstehen aus der Besonderheit kindlichen Denkens und Fühlens. Kinder sind von den Eltern abhängig und es verbindet sie ein besonders starkes Band der Liebe. Gleichzeitig haben sie ein Gefühl der Omnipotenz. Wir nennen das das »magische Denken« der Kinder, weil es der Märchenwelt entspringt. Sie verarbeiten vieles mit Rollenspielen und in Geschichten, die sie sich ausdenken. Und so passiert es, dass sie Schuld, Verantwortung oder andere belastende Gefühle übernehmen für Dinge, die gar nicht zu ihnen gehören. Sie glauben, dass eine Geschichte anders verlaufen wäre, hätten sie nur anders gehandelt.

Alexandras Eltern trennten sich, da war sie gerade fünf Jahre alt. Es war schrecklich. Nicht nur, dass sie überhaupt nicht verstehen konnte, warum die Eltern sich trennten, sie musste mit ihrer Mutter auch noch in einen anderen Ort ziehen. Sie verlor nicht nur den Vater, sondern auch ihren Freundeskreis.

Nach der Trennung lag Alexandra nächtelang wach und

grübelte, was passiert sein könnte. Sie hatte ihre Eltern nie streiten gesehen oder gehört. Die Trennung kam wie aus heiterem Himmel. Die kleine Alexandra durchforstete ihre Erinnerungen nach möglichen Gründen und wurde schließlich fündig. Zwei Wochen vor der Trennung gab es im Ort ein Kirchenfest, an dem es üblich war, dass alle in ihrem Trachtengewand kamen. Doch Alexandra wollte ihr Dirndl nicht anziehen, sie wollte partout ihr neues Prinzessinnenkleid tragen. Die Mutter war dagegen, Alexandra heulte, und schließlich mischte sich der Vater ein: »Soll sie es doch anziehen, wenn sie es so gern hat.« Sie gingen dann zu dritt in die Kirche, doch der Mutter war Alexandras Kleidung sehr peinlich. »Ich schäme mich so für dich. Schau, wie schön die anderen Kinder angezogen sind«, sagte sie, und dann weiter: »Das verdanke ich alles deinem Vater, der hat das so gewollt. Na, der wird noch etwas von mir zu hören bekommen!« Die fünfjährige Alexandra war sicher, dass das der Grund für die Trennung war. Sie hatte diesen magischen Gedanken, dieses Omnipotenzgefühl, dass alles ihre Schuld wäre. Hätte sie damals ihr Dirndl angezogen, wären ihre Eltern noch beisammen. Dieses Schuldgefühl nahm Alexandra unbewusst bis weit in ihr Erwachsenenleben mit.

50 Jahre später erzählte Alexandra ihrer Mutter diese Geschichte in einem unserer Generationen-Workshops. Die Mutter weinte bitterlich und war fassungslos, weil ihre Tochter aus dem magischen Denken eines kleinen Kindes heraus so viel Schuld auf sich geladen hatte. Damals, bei der Trennung, hatte sie nicht die Kraft gehabt, ihrer Tochter die wahren Gründe zu erklären. Außerdem

hatte sie gedacht, das kleine Mädchen würde das ohnehin nicht verstehen. Ein Glück, dass sie im Generationen-Workshop darüber sprechen konnten, um diese Geschichte gemeinsam zu beleuchten.

Wenn etwas für Kinder sehr Aufwühlendes passiert, etwas, das sie nicht verstehen können und das ihnen die Erwachsenen auch nicht erklären, dann entwickeln sie dieses magische Denken. Von Erwachsenen wird das häufig als »Unsinn« abgetan, doch sie vergessen, dass Kinder eben eine andere, nicht erwachsene Denkweise haben und aus ihrer kindlichen Welt heraus Erklärungen finden, auch wenn sie noch so absurd sein mögen. Das kann sogar in einem harmlosen Streit begründet sein, wie das folgende Beispiel verdeutlicht: Das Kind hat etwas angestellt und hat zur Strafe eine Woche Fernsehverbot. Das Kind ist zornig und denkt: »Na, wenn die Mama so böse ist, will ich eine andere Mama!« Der Zufall will es, dass die Mutter auf dem Weg zur Arbeit mit dem Auto einen Unfall hat. Das Kind erschrickt zutiefst. Was wird es denken? Natürlich: »Weil ich mir so etwas gedacht habe, hat die Mama jetzt diesen Unfall gehabt.« Schon hat es die Schuld auf sich genommen, und die bleibt meist im Unbewussten haften und raubt später viel Lebensenergie.

Lebensenergie zurückgewinnen

Weil die Ursache von solch belastenden Schuldgefühlen in der Kindheit zu finden sind, ist die Gedankenreise zurück in die Kindheit so wichtig. Konradin ist nur so seinen kindlichen Allmachtsgedanken auf die Spur gekommen, und auch Alexandra konnte durch einen Blick auf die Begebenheiten in ihrer Kindheit dieses Missverständnis gemeinsam mit ihrer Mutter klären. Verzichtet man darauf, sitzt man auf der Wippschaukel samt dem großen Stein ewig am Boden fest und wird nie die Freude eines gleichwertigen Schaukelns erleben.

Mit dem Theaterblick Zusammenhänge erkennen

Auf der Bühne des Lebens sind die Geschehnisse sichtbar. Die Konflikte, die Probleme im heutigen Leben – in unserem ersten Beispiel waren das Konradins Affäre und die Tatsache, dass er den Kontakt zu seiner Frau verloren hat, indem er sich in seine Arbeit stürzt. Erst der Theaterblick öffnet den Blick auf die Hintergründe. Für Konradin wird das Misstrauen seiner Mutter dem Vater gegenüber sichtbar, die ergebnislosen Beschwichtigungsversuche seines Vaters. Man sieht die beiden auf der Wippschaukel, die Mutter oben in der Luft zappelnd, der Vater unten am Boden von Schuldzuweisungen bedrückt. Man sieht auch, wie der kleine Konradin seinem Vater die Schuld abnimmt, damit die Schaukel im Gleichgewicht liegt und die Mutter den Fokus wieder auf ihn lenken kann.

In dem Moment, wo man den Theaterblick einnimmt, werden diese Geschehnisse auf die Lebensbühne und damit ins Bewusstsein gerückt. Die meisten von uns können sich an Geschichten bis zum fünften, vierten oder sogar dritten Lebensjahr erinnern, wenn auch manchmal nicht im Detail. Manche können sich jedoch gar nicht erinnern, obwohl grundsätzlich alles implizit im Körper gespeichert ist. Das ist ein Schutzmechanismus – was ich nicht im Bewusstsein habe, fügt mir auch keinen Schmerz zu. In solchen Fällen hilft es oft, die Partnerin bzw. den Partner zu fragen. Denn unsere Partner können Risiken und Nebenwirkungen unseres emotionalen Erbes meist ganz gut erkennen.

Oft liegen die Geschichten auch zwei oder gar drei Generationen zurück. Dann muss man vermutlich recherchieren und im Verwandtenkreis Fragen stellen. So war es bei Emil. Wenn man Emil begegnete, hatte man permanent das Gefühl, als würde er mit riesigen Säcken voll Schuldgefühl durchs Leben gehen. Im Laufe einer lange dauernden Paartherapie präsentierte er eines Tages eine Geschichte, die er recherchiert hatte und die ihm zuvor nicht bewusst war. Die Geschichte handelte von seinen Urgroßeltern und seinem Großvater, das muss also zu Beginn des 20. Jahrhunderts gewesen sein. Emils Urgroßvater war Jäger und liebte seine Gewehre. Jeden Sonntag wurden sie geputzt, und einer seiner Söhne durfte ihm dabei helfen. Dabei passierte das Unglück. Der Sohn putzte ein Gewehr, das geladen und nicht gesichert war, eine Kugel löste sich und tötete den Urgroßvater. Dieser Sohn war Emils Großvater, er war damals dreieinhalb Jahre alt gewesen.

Der Schock in der Familie war so groß, dass sie sich eigentlich nie wirklich davon erholte – und wie es oft ist, wenn man dem Unbeschreiblichen keine Worte geben kann, so wurde in der gesamten Familie nie wieder darüber gesprochen. Das Ereignis wurde totgeschwiegen, es war schließlich ein Unfall und niemand hatte Schuld daran. Doch was passierte im Kopf des Dreieinhalbjährigen? Sie können es sich vorstellen: Emils Großvater schleppte seit damals das Schuldgefühl mit sich herum, seinen Vater getötet zu haben. Und er gab diesen Staffelstab weiter an Emils Vater und dieser weiter an Emil.

Die Frage nach dem gefühlten Beginn des Schuldgefühls in unserem Experiment am Anfang dieses Kapitels ist genau aus diesem Grund sehr spannend. Oft sagt uns die Intuition, dass Geschichten sehr, sehr alt sind, auch wenn sie unser Verstand gar nicht greifen kann. Sie hilft uns, unseren Familienthemen auf die Spur zu kommen.

Für Ressourcen sorgen

In unserem Experiment fragen wir unter anderem, wie sich die Menschen damals »richtig« hätten verhalten können. Damit wollen wir Ihre Phantasie nicht in Richtung Happy End bringen. Vielmehr geht es darum, eine narrative Form zu finden, in der Sie Ihre eigene Geschichte mit Ressourcen und unterstützenden Verhaltensweisen anreichern. Es geht also im Fall von Emil nicht darum, den Urgroßvater weiterleben zu lassen, sondern zu imaginieren, wie das Umfeld besser mit diesem Schicksal hätte umgehen können, damit der dreieinhalbjährige Sohn nicht für den Rest seines Lebens mit einer unnötigen Schuld leben muss. Wir sind überzeugt, dass jeder von uns ein gutes Gefühl dafür hat, was Erwachsene brauchen, um ihre Kinder gut zu beeltern.

Die Imagination, angeregt durch die Frage »Wie wäre es richtig und stimmig gewesen?«, erlaubt Ihnen, die Geschichte mit positiver Konnotation umzuschreiben und sich somit selbst den Nährboden für Ihre Entwicklung zu bauen. Damit delegieren Sie die Verantwortung nicht an Ihre Vergangenheit, sondern erklären: Die Ursache liegt zwar in der Vergangenheit, doch ich selbst habe es in der Hand, mich zu befreien und gelöst weiterzuentwickeln. Es ist wichtig, sich vorzustellen, dass unsere Eltern durch die Vorgenerationen gut genährt wurden und wir selbst somit das Potenzial in uns tragen, dass wir uns selbst nähren können. So können wir Schuldgefühle loslassen und müssen anderen keine Schuld anhängen, sondern können auf Augenhöhe miteinander in Kontakt kommen.

Verabschieden und Neues entwickeln

Sich die Schuldübernahme oder -übergabe bewusst zu machen, ist der eine wichtige Schritt, ohne den nichts in Bewegung kommen kann. Denn nur dann weiß man auch, was man verabschieden soll. Ziel ist, sich weder schuldig zu fühlen, noch jemanden schuldig zu machen. Auch das Omnipotenzgefühl »ich kann andere schuldig machen« oder »ich bin schuld am Schicksal« gilt es, hinter sich zu lassen. Das bedeutet oft einen Schritt ins Unbekannte, weil wir etwas Gewohntes, Vertrautes loslassen. Wenn wir es gewohnt sind, mit einem leidenden, vorwurfsvollen Blick durchs Leben zu gehen, ist es mit viel Unsicherheit verbunden, wenn wir lernen, anderen Menschen ein Lächeln zu schenken. Möglicherweise brauchen wir dazu jemanden, der uns hilft. Denn das traurige Gesicht ist uns schon so zur Angewohnheit geworden, dass es uns gar nicht auffällt. Schließlich laufen wir nicht ständig mit einem Spiegel vor der Nase herum. Sie könnten zum Beispiel Ihre Partnerin bitten, Sie darauf aufmerksam zu machen, wenn Sie in Ihr altes Verhalten zurückfallen.

Wenn es Ihnen gelungen ist, sich von der alten Gewohnheit zu verabschieden, schaffen Sie Platz, den Sie mit Neuem auffüllen können. Nun sind Sie aufgerufen, in Ihre Lebenskraft zu gehen. Konradin zum Beispiel schaffte Platz für die Liebe zu seiner Frau Miriam. Er verabschiedete sich von seinen Schuldgefühlen und dem Verhalten, das sie ausgelöst hatten, und hatte nun genug Spielraum, um seiner Frau seine Liebe zu zeigen und sie zu bitten, ihm zu vergeben, falls sie das nicht schon getan hatte. Denn möglicherweise hatte Miriam ebensowenig Raum, um Konradin zu zeigen, dass sie ihren Groll bereits begraben hatte.

Auch ein Ausgleich kann hilfreich sein. Damit ist nicht gemeint, dass der eine die Erlaubnis bekommt, etwas mit gleicher Münze zurückzuzahlen. Ich war dir untreu, jetzt darfst du mir untreu sein, dann sind wir quitt – das geht natürlich nicht. Schon Einstein sagte, dass ein Problem nicht auf der gleichen Ebene gelöst werden kann, auf der es entstanden ist. Mit Ausgleich ist vielmehr gemeint, dass man für den anderen etwas tut, das der sich schon lange gewünscht hat.

Konradin und Miriam lösten das so: Sie hatten ja schon vor der Affäre einen lange dauernden Machtkampf. Der zeigte sich unter anderem darin, dass Konradin sich weigerte, Miriams Familie in Schweden zu besuchen. Als die beiden nun alle Schuldzuweisungen und allen Groll beseitigen konnten, schlug Konradin vor, dass sie eine ausgiebige Reise nach Schweden machen würden. »Ich möchte mit dir da hinfahren, denn dort liegen deine Wurzeln und die möchte ich respektieren.«

Ein Ausgleich muss sich für beide gut anfühlen, nur dann ist er gelungen: Der eine bekommt dadurch die Chance, etwas wiedergutzumachen, für die andere ist es Labsal auf die alte Wunde. Das hat nichts mit Unterwerfung zu tun, sondern mit dem Bedürfnis, einander wieder näher zu kommen. Die, die verletzt wurde, macht die neue Erfahrung, was es heißt, wirklich in der Tiefe verstanden zu werden. Der, der verletzt hat, kann sich wieder frei fühlen, weil er die Last der Schuld nicht weiter tragen muss.

Übrigens wäre der Ausgleich nicht nur bei Liebesbeziehungen heilsam. Sich eine Schuld bewusst zu machen, sie zu verabschieden und neue Energien sowie einen Ausgleich zu finden, das wäre auch für Völker und Staaten heilsam und vor allem Frieden stiftend. Wenn es einem Staat gelingt zu sehen, wo er sich verletzt gefühlt hat und wo auch sein eigener Beitrag an einem Konflikt ist, wenn er in der Lage ist zu verzeihen, dann ist eine friedliche Koexistenz zwischen Völkern und Staaten möglich.

Hinter den Kulissen

Roland, 54 Jahre

Vor wenigen Jahren erst habe ich dieses Schuldgefühl in mir entdeckt, das mit meinem Vater zusammenhängt. Ich habe des-

halb recherchiert und viele Fragen gestellt. Heute weiß ich, dass ich als Kind aus einer unbewussten Loyalität heraus versucht habe, meinem Vater Schuld abzunehmen. Mein Vater hatte, als er etwa so alt war wie ich jetzt, schwere Depressionen. Er war mehrere Wochen im Spital, bekam sogar Elektroschocks und Medikamente. Ich war damals zehn Jahre alt und kannte mich überhaupt nicht aus. Ich wusste nur, dass da etwas Schweres über ihm hing.

Auch wenn mein Vater andere Gründe angab, so bin ich sicher, dass seine Kriegserfahrungen viel mit seinen Depressionen zu tun hatten. Immerhin hatte er zehn Jahre seiner Jugend dem Krieg geopfert. Zuerst glaubte er, mit dem neuen Regime des Nationalsozialismus bei der zu Beginn illegalen HJ in Wien endlich eine Identität gefunden zu haben. Als Sohn eines Fleischermeisters hatte er inmitten der grobschlächtigen und auch derben Männer der Fleischerei kein einfaches Leben. Da kam der Nationalsozialismus gerade recht. Erstmals hatte er das Gefühl, etwas bewegen zu können und seinen Stolz zurückzugewinnen.

Als Jugendlicher mit viel Elan und Hoffnung in ein neues, besseres System ging er in den Krieg – und als gebrochener Mann kam er zurück. Aus der Sicht meines Vaters wurde der Zweite Weltkrieg verloren. In seinem tiefsten Inneren wusste er, dass es nicht rechtens war, was alles passiert war. Auch seine Kriegsgefangenschaft in Russland blieb nicht ohne Spuren.

Das Thema Nationalsozialismus hat er nie aufgearbeitet, ebensowenig hat er über seine Schuldgefühle gesprochen. Und natürlich war er wütend auf jene, die viele Jahre später urteilten über die Täter und auch über die Opfer des Regimes. Dieser Zorn diente nicht zuletzt auch dazu, seine Schuldgefühle ab-

zuwehren, und eine Zeitlang funktionierte das auch. Doch als der Zorn nicht mehr half, kamen die Depressionen, denn mein Vater war ein großzügiger, herzlicher Mensch, der im Grunde genommen in jedem Menschen das Gute gesehen hat. Im Rückblick sah er sicherlich, dass ihm da etwas »passiert« war, das er nicht mehr wiedergutmachen konnte. Eine Aufarbeitung hätte ihn vermutlich zerrissen – er hätte all den Schmerz, die Scham aushalten müssen und auch das Bewusstsein darüber, was er selbst mitgestaltet hatte. Daher hat er alles verdrängt – und hatte große Probleme mit Depressionen.

Mit so einem Vater bin ich aufgewachsen, der seine Schuldgefühle so quasi permanent mit sich getragen hat. Sie haben ihn schließlich fast erdrückt. Als zehnjähriger Sohn, der seinen Vater liebt, habe ich ihm abgenommen, was ich konnte – natürlich unbewusst. Seitdem habe ich diffuse Schuldgefühle mit mir herumgetragen, die gar nicht mir gehörten. Erst mit Sabines Hilfe und ihrer hartnäckigen Art, Fragen zu stellen, tauchten bei dieser Wanderung die ersten Ideen auf, was es mit diesen Todesängsten auf sich haben könnte.

Weil ich nun dieses Schuldgefühl benennen konnte, konnte ich es meinem Vater zuordnen. Nur ein paar Wochen später besuchte ich sein Grab und führte ein Gespräch mit ihm. Ich sagte ihm, dass ich ihn liebe und dass ich oft so viel Angst vor dem Tod habe und darüber ganz das Leben vergesse. Ich erzählte ihm von den Schuldgefühlen und welche Erkenntnisse ich erlangt hatte, dass ich über ihn nicht urteilen würde, was seine Mitverantwortung an den Katastrophen des Krieges anlangt, dass ich wisse, wie sehr er in der Gefangenschaft auch leiden musste.

Kurz vor seinem Tod hatte mir mein Vater gesagt, dass es

für ihn klar sei, dass seine Zeit während des Nationalsozialismus die furchtbarste Zeit seines Lebens gewesen war. Das tröstet mich, und das sagte ich ihm auch, als ich an seinem Grab stand. »Ich bin sehr froh«, fuhr ich fort, »dass du keinem einzigen Menschen das Leben unmittelbar genommen hast. Und doch will ich, dass du weißt, dass ich dir aus Liebe diese Schuld abnehmen wollte. Doch sie ist für mich viel zu schwer, und so bitte ich dich, dass du sie wieder zu dir zurücknimmst. Ich gebe dir diese Geschichte zurück und vertraue darauf, dass du das Richtige damit tust.«

Auf dem Weg nach Hause spürte ich zunächst eine große Scham, ich dachte, ich hätte doch nicht das Recht, so etwas zu tun: meinem toten Vater die Verantwortung zurückzugeben. Doch als mich Sabine zu Hause liebevoll empfing, wusste ich, dass ich das Richtige getan hatte.

Nie, nie, nie werde ich mich so runtermachen lassen wie der Papa

Beipackzettel

Gebrauchsinformation:
Dieses Kapitel ist ein hochwirksames Mittel gegen unbewusste Beschlüsse, die man in der Kindheit gefasst hat. Es sorgt für die Auflösung von Problemen, die durch die früherere Beobachtung der elterlichen Beziehung entstehen wie zum Beispiel Stellvertreterkämpfe.
Risiken und Nebenwirkungen: Das Auflösen früherer Beschlüsse kann einen Energieschub verursachen, den man für Gestaltung und Pflege aktueller Beziehungen sinnvoll nützen kann.

Ein verwirrender Sonntagnachmittag

Roland, 8 Jahre, an einem Sommertag im Garten der Eltern

Jeden Sonntag trifft sich die Familie Bösel zur gemeinsamen Kaffeejause. Für den kleinen Roland sind das ganz besondere Stunden, denn die ganze Woche über sind seine Eltern im Geschäft, sodass er sie kaum sieht. Doch am Sonntagnachmittag sind alle da: die Mutter, der Vater und die drei älteren Schwestern. Diesmal ist auch noch sein Freund Peter hier.

Roland und Peter spielen im Garten und planschen im Pool, dann werden sie zu Tisch gerufen: »Kommt her, die Jause ist fertig!« Die beiden laufen zum gedeckten Tisch. »Nicht auf die Kissen setzen, ihr habt nasse Hosen an!«, sagt die mittlere

Schwester. Roland verzieht das Gesicht, weil das gelbe Plastikgeflecht des Stuhls sich so unangenehm in die nackte Haut eindrückt.

»Wo ist denn das Eis?«, fragt er. Wenn es heiß ist, gibt es jeden Sonntag Gefrorenes. Schon stehen Eisschalen vor ihren Nasen. Schließlich sitzen alle um den Tisch, auch die Mutter ist gekommen – sie hat Eiskaffee für die Erwachsenen und die Schwestern auf den Tisch gestellt. Der Vater taucht ebenfalls auf, wie so oft mit gesenktem Kopf, und setzt sich neben die Mutter. Es wird geplaudert und gelacht, nur der Vater sitzt da und löffelt schweigend seinen Eiskaffee.

Plötzlich murmelt er: »Die Mutti wollte heute wieder nicht kuscheln.« Alle halten inne. Roland taucht seinen Löffel ins Vanilleeis. Was könnte damit wohl gemeint sein? Kuscheln, jetzt, am Nachmittag? Die Mutter zeigt mit keiner Miene, dass sie ihren Mann gehört hat.

»Mutti hat gesagt, dass sie das Geschäft der Zieglers am Kohlmarkt so toll findet und dass sie traurig ist, dass unser Geschäft nicht so toll ist«, setzt der Vater nach, nun etwas lauter und deutlicher. »Da geht sich Kuscheln eben nicht aus.«

Roland blickt zu seiner Mutter, sie antwortet noch immer nicht. Stattdessen lächelt sie verlegen und bedeutet dem Vater mit einer Handbewegung, er möge doch schweigen. »Na, wie war es beim Schwimmen?«, fragt sie.

Roland ist immer noch verwirrt. Da ist etwas, das er nicht versteht. Der Vater sagt seltsame Dinge, der Mutter ist das peinlich, und diese Peinlichkeit berührt ihn ebenso wie die Gekränktheit des Vaters, der geknickt am Tisch sitzt. Eine unangenehme Stimmung hat sich um den Jausentisch breitgemacht, und so fragt er lieber nicht nach. Ihm tut sein Vater leid, wie er so beschämt dasitzt – und unbemerkt nistet sich in ihm ein Beschluss ein, sich später ganz bestimmt nie von seiner Frau so behandeln zu lassen.

Unbewusste Beschlüsse

Unbewusste Beschlüsse entstehen in einem Kind zum Beispiel dann, wenn es regelmäßig Zeuge elterlicher Machtkämpfe wird. Es beobachtet, dass ein Elternteil laut aufbegehrt und den anderen mit Vorwürfen konfrontiert, während der andere Elternteil sich immer mehr zurückzieht, sich womöglich gar nicht verteidigt, sondern in eine innere Emigration flüchtet. Ein Kind versteht den Konflikt nicht. Wohl aber sind das Säbelrasseln, der Tonfall, die Lautstärke eines Streits bedrohlich. Der Verursacher, ob Mutter oder Vater, wird eher als Täter identifiziert. Der Elternteil, der sich zurückzieht, als Opfer.

Mit dieser irrtümlichen Vorstellung leben Kinder: dass es zwischen den Eltern eine Opfer-Täter-Aufteilung gibt. Sie interpretieren das, was sie sehen und hören – und das ist natürlich nur ein Ausschnitt dessen, was sich zwischen Vater und Mutter tatsächlich abspielt. In dieser schwarzweiß gemalten Welt ergreifen Kinder instinktiv Partei für jenen Elternteil, der scheinbar unterlegen ist, also für das Opfer. Gleichzeitig entwickelt sich ein unbewusster Beschluss, der motiviert ist durch das Ziel: Niemals will ich Opfer sein, so wie Papa/Mama.

Offene und verdeckte Machtkämpfe der Eltern

Machtkämpfe zeigen sich jedoch nicht nur offen im Streit. In manchen Familien sind Konflikte sorgsam verdeckt und damit unterschwellig, oder es wird nur dann gestritten, wenn die Kinder nicht im Raum sind. Doch auch wenn auf die Art der Schein gewahrt wird, so spürt ein Kind ganz deutlich die dicke Luft, die bedrückende Stimmung im Haus – das alles ist ein Nährboden für Risiken und Nebenwirkungen des emotionalen Erbes. Das Kind sieht zwar, dass Mama und Papa friedlich miteinander reden, doch zwischen den Zeilen spürt es: Irgendetwas stimmt nicht. Verdeckte Vorwürfe wie die von Rolands Vater oben in der Eingangsszene sind noch verwirrender.

Das Kind wird bei aller Verwirrung den Eltern dennoch die Täter- und Opferrolle zuschreiben – wie in der Eingangsszene: Rolands Vater deutet mit gesenktem Kopf etwas an, die Mutter macht eine abwertende Handbewegung. Der kleine Roland interpretiert seine Beobachtung und bewertet die Situation entsprechend. Er sieht den Vater als Opfer an, die Mutter als Täterin. Er ergreift unbewusst Partei für den Vater, was gleichzeitig dazu führt, dass er sich vom anderen Elternteil, der Mutter, entfernt.

Verbale und nonverbale Signale

Was der achtjährige Roland im Verhalten seiner Mutter als abwertend interpretiert, ist im Grunde nur eine kleine Handbewegung, kombiniert mit ihrer Abwendung von ihrem Mann: Sie wendet sich den Kindern zu und fragt, ob sie auch alle genug Eis bekommen haben. Ausschlaggebend ist also in diesem Fall das Nonverbale. Ein Kind nimmt Nonverbales genauso wahr wie Verbales, bewertet es und bildet sich meist unbewusst eine Meinung. Und oft entsteht daraus die Entscheidung, wer Opfer und Täter ist und wer mehr unterstützt wird und wer weniger.

Wenn die Versöhnung unsichtbar ist

Schwierig für Kinder ist auch, wenn sie die Konflikte und Machtkämpfe der Eltern mitbekommen, nicht aber deren Versöhnung. Denn nicht selten streiten Eltern, die Versöhnung findet dann jedoch im Schlafzimmer statt, wenn sich die Aggressionen in erlösender Sexualität entladen. Dass Kinder das Bettgeflüster ihrer Eltern nicht miterleben, ist auch gut so.

Umso wichtiger wäre es für das Kind, auf andere Weise zu erleben, dass Mutter und Vater sich auch versöhnen können, zum Beispiel, indem sich Eltern auch einmal umarmen oder etwas Nettes zueinander sagen. Es ist für ein Kind besonders wichtig zu wissen: Meine Eltern streiten, aber sie versöhnen sich auch. Wird dies nicht transparent, verstärkt sich die Opfer-Täter-Zuschreibung, die das Kind gegenüber den Eltern einnimmt.

Unterwerfung statt Konfliktbewältigung

Wenn Eltern streiten, der eine immer lauter wird, der andere immer leiser, ist es oft der stillere Typ, der versucht, den Konflikt zu lösen, indem er sagt: »Du hast ja Recht, ich hab schon wieder etwas falsch gemacht.« In der Regel kommt diese Unterwerfungsgeste beim anderen erst recht nicht gut an, und der Hagelsturm tobt weiter.

Für ein Kind ist das sehr verwirrend zu beobachten: Der Papa lenkt ein, doch die Mama schreit immer weiter – wieso tut sie das? Ein Kind kann nicht erkennen, dass die Unterwerfung des Vaters keine konstruktive Lösung ist. Konfliktbewältigung setzt voraus, dass sich beide gegenseitig auf Augenhöhe erreichen, dass sie aufeinander eingehen, und das ist in so einem Fall nicht gegeben. Das Kind sieht nur die friedliche Absicht des von ihm schon als Opfer identifizierten Vaters, der weiter bedrängt wird – und die Täter-Opfer-Zuschreibung verstärkt sich.

Kinder zwischen den Stühlen

Diese Vorstellung der Rollenverteilung von Täter und Opfer wird noch verschärft, wenn die Eltern versuchen, die Kinder auf ihre Seite zu ziehen. »Weißt du, was dein Vater mir schon alles angetan hat?«, sagen sie dann. Oder: »Du musst verstehen, dass ich mich so verhalte, deine Mutter lässt mir ja keine andere Wahl!« Auf die Art wird Stimmung gemacht und die Kinder geraten in einen Strudel widersprüchlicher Gefühle, die sie nicht wirklich verstehen und die sie auf ihre kindliche Art verarbeiten müssen, um die Belastung auszuhalten.

... und dann habe ich beschlossen

Beschlüsse können je nach Erlebnis ganz unterschiedlich sein. Beobachtet ein Sohn zum Beispiel, dass die Mutter immer wieder Liebesepisoden mit anderen Männern hat, und hat der Sohn gleichzeitig den Eindruck, dass der Vater darunter leidet, könnte er beschließen: Bevor es mir passiert, dass meine Frau einen Liebhaber hat, habe ich lieber selbst viele Liebhaberinnen.

Erlebt ein Kind Eltern, die vor lauter Arbeit überhaupt keine Zeit füreinander haben und in der wenigen gemeinsamen Zeit auch nur streiten, fasst es vielleicht den Beschluss: Ich werde sicher nie, nie so viel arbeiten wie mein Vater. Das kann so weit führen, dass es später, als Erwachsene, auch im Beziehungsalltag auf der Bremse steht, wenn es um gemeinsame Erledigungen geht, und sagt: »Ich werde jetzt sicher nicht den Müll hinaustragen, denn es geht doch darum, dass wir leben und nicht immer nur etwas arbeiten!« Dabei kann man schon übers Ziel hinausschießen. Die Freiheit, die man sich durch das Reduzieren von Arbeit erhofft, ist auch nur eine scheinbare.

Noch ein Beispiel: Ein Kind erlebt die Mutter als eine Frau, die sich zeit ihres Lebens für die Kinder aufgeopfert hat. Gleichzeitig ist der Vater nicht oder kaum präsent, was zwischen den Eltern zum Machtkampf führt. Vor diesem Hintergrund könnte es beschließen: Ich werde nie eine Beziehung eingehen, denn dann komme ich gar nicht erst in die Situation, ausgenützt zu werden. Ich habe dann zwar keine Kinder, doch das hat große Vorteile: Ich muss mich dieser großen Belastung nicht stellen und kann daher schon gar nicht von meinem Partner verletzt werden.

Wie unbewusste Beschlüsse uns belasten können

Wie unbewusste Beschlüsse unser Leben belasten können, zeigt dieses Beispiel: Katharina und Hans stecken in einer ernsten Beziehungskrise. Hans hat eine Außenbeziehung. Als sie bei uns im Therapieraum sitzen, wird schnell deutlich: Sie spricht und schüttet ihr Herz aus. Er schweigt und sagt bloß: »Was soll ich reden? Sie sehen doch, wie meine Frau mich behandelt.«

Bald werden die Hintergründe deutlich. Hans' Eltern lebten in einem ständigen Machtkampf, den er so erlebte: Seine Mutter schrie und schimpfte, sein Vater schwieg. Das konnte der kleine Hans natürlich nicht verstehen: Warum schreit sie so mit ihm? Warum verletzt sie ihn? Was Hans natürlich nicht erkennen konnte, war, dass sein Vater durch sein beharrliches Schweigen jegliche Kommunikation mit der Mutter unterbunden hatte. Hans identifizierte die Rollen ganz klar: Die Mutter war Täterin, der Vater das Opfer. Damals beschloss er: »Ich werde mich von meiner Frau sicher nie so demütigen lassen. Wenn das passiert, gehe ich weg.« Und weil er bei seinem Vater beobachtete, dass er sich nie wehrte, sondern sich bloß mit einem Buch zurückzog, beschloss er weiter: »Ich werde mich schon zu wehren wissen. Ich werde mich nicht zurückziehen, sondern mein Leben genießen.«

Der Beziehungsrucksack und die 90-10-Regel

Wenn wir einen Beziehungskonflikt haben, hängt das sehr stark damit zusammen, was wir als Kind erlebt und beobachtet haben und auch was unsere Eltern uns vorgelebt haben. Deshalb wirken diese unbewussten Beschlüsse auch so stark bis in unsere Gegenwart. All diese vergangenen Eindrücke, Erlebnisse, Beobachtungen bezeichnen wir als unseren Beziehungsrucksack. Er ist das emotionale Erbe, mit dem wir durchs Leben gehen und unsere Beziehungen gestalten.

Dass Hans sich eine Frau aussuchte, die ähnlich wie seine Mutter ihren Unmut laut zum Ausdruck brachte und den Konflikt immer wieder auf den Tisch legte, ist daher kein Zufall. Als er Katharina kennenlernte, war er bestimmt gerade in diese Quirligkeit und Fröhlichkeit verliebt, die sich erst dann mit ihren Schattenseiten zeigten, als der Alltag in die Beziehung kehrte. Er begann sich zu ärgern und fand sich schließlich in der Rolle seines Vaters wieder, der ganze Hagelstürme an Vorhaltungen über sich ergehen lassen musste. Hans imitierte unbewusst das Verhalten seines Vaters, indem er sich zurückzog und mauerte. Und er hielt sich an seine Beschlüsse: Er wandte sich ab. Er ging nicht so wie sein Vater in die innere Emigration, sondern hatte eine Außenbeziehung. Auch das ist Teil seines Beziehungsrucksacks.

Weiter oben haben wir Ihnen die 90-10-Regel bereits

vorgestellt: 90 Prozent eines Konflikts lassen sich auf den eigenen Beziehungsrucksack zurückführen, 10 Prozent liegen an der aktuellen Situation selbst. Für Katharina und Hans war es wichtig, den 90 Prozent auf die Spur zu kommen. Zur Lösung ihres Problems gehörte natürlich genauso dazu, dass auch Katharina ihre 90 Prozent decodieren konnte. Denn auch sie war mit ihrem Rucksack in die Beziehung gegangen und hatte ihre typischen Verhaltensmuster und ihre Ursprünge zu hinterfragen.

Stellvertreterkämpfe

Wenn Hans beschließt, sich derlei Attacken, wie sein Vater sie ertrug, nicht gefallen zu lassen, wenn er stattdessen Außenbeziehungen eingeht, dann lebt er in seiner Beziehung mit Katharina indirekte Aggressionen aus, die eigentlich seiner Mutter zugedacht sind.

Natürlich ärgert sich Hans auch über Katharinas Verhalten, wenn sie so aufbrausend und mit vielen Vorwürfen über ihn fegt. Doch das sind die 10 Prozent, von denen wir oben gesprochen haben. 90 Prozent stammen aus seinem Beziehungsrucksack. Denn damals hatte er nicht nur deshalb Partei für den Vater übernommen, weil er ihn als Opfer identifizierte. Indem sich der Vater so sehr zurückzog, entzog er sich auch seinem Sohn. Er spielte nicht und unternahm nichts mit ihm – und Hans gab unbewusst die Schuld dafür auch der Mutter, schließlich war sie es, die verursachte, dass der Vater sich so zurückzog.

Hans hatte sich von seiner Mutter distanziert und hatte Aggressionen gegen sie, die er jedoch in einem Stellvertreterkrieg auslebte. Er kämpfte also stellvertretend für seinen Vater – und er kämpfte noch dazu auf einer Front, die diesen Kampf gar nicht verursacht hatte: in seiner eigenen Ehe und gegen seine Frau.

Beschlüsse auflösen

Solange Sie für Ihre Mutter oder Ihren Vater einen Stellvertreterkrieg führen, bedeutet das, dass Sie Ihren Eltern nicht vertrauen, ihre Konflikte selbst lösen zu können. Ihr Verhältnis zu den Eltern hat also Schieflage. Auch Ihre eigene Liebesbeziehung leidet, und die zu Ihren Kindern ebenso.

Mutter bzw. Vater zurückgewinnen

Fragen Sie sich mit Hilfe des Theaterblicks: Wie haben Sie Ihren Eltern das Attribut Opfer und Täter zugeschrieben? Das gibt Aufschluss darüber, welches Beziehungsverhalten Sie wie kopieren. Welche Parteilichkeit tragen Sie heute noch mit sich herum und belasten damit Ihre eigene Beziehung?

Ziel ist, ein gleichwertiges Bild beider Elternteile zu gewinnen und den Stellvertreterkrieg aufzugeben. Denn solange dies nicht gelingt, stecken Sie in einem Trotz fest, der schlicht nicht angemessen ist. So wie bei Hans, der sich dachte: »Ich lasse mir das Verhalten meiner Frau nicht gefallen. Ich möchte anders mit ihr leben, doch wenn das nicht möglich ist, hole ich mir dieses andere Leben eben woanders.« Hans' Aufgabe ist, seinen Trotz aufzugeben, anstatt eine Außenbeziehung zu suchen. Würde er Katharina konfrontieren, würde er die alte Tradition seiner Ursprungsfamilie beenden und eine neue begründen: Er bleibt sich selbst treu und konfrontiert seine Frau!

Wenn irgendwie möglich, wäre eine direkte Auseinandersetzung mit den Eltern am zielführendsten. Anstelle der Opfer-Täter-Rollenzuschreibung ist es so erleichternd, Mutter und Vater auf die gleiche Ebene zu stellen. Dabei hilft uns der Theaterblick zu erkennen, dass beide Elternteile gleichermaßen zu ihrer Beziehungsdynamik beigetragen haben. Es wird erkennbar, wen wir als Täter und wen als Opfer identifiziert haben. Diese Dynamik ist es auch, die zu ihren Machtkämpfen geführt hat, und es war (und ist) die Aufgabe der Eltern, mit dieser Dynamik zurechtzukommen. Hans hatte, nachdem er erkannte, welchen Stellvertreterkrieg er führte, sich unmittelbar mit seiner Mutter auseinandergesetzt, indem sie in einem unserer Generationen-Workshops dieses Thema ausführlich besprachen. Hans erzählte seiner Mutter, wie sehr er darunter gelitten hatte, wenn seine Eltern stritten, wie sehr ihm sein Vater leidgetan und wie allein er sich dabei gefühlt hatte. Hans' Mutter hörte ihm sehr aufmerksam zu, denn die Sicht ihres Sohnes war für sie neu. Zugleich konnte sie nachvollziehen, wie lebensbedrohlich es für Hans gewesen sein musste, diese Kämpfe zu erleben. Nun konnte sie auch verstehen, warum Hans sich ihr gegenüber oft seltsam verhalten hatte. Er war bei Gesprächen mit ihr immer kurz angebunden und schroff gewesen. Im Generationen-Workshop zeigte er der Mutter seinen Schmerz, sodass die Mutter diese alte Geschichte sowie sein Verhalten als erwachsener Sohn verstehen konnte. So war eine neue Begegnung zwischen Mutter und Sohn möglich.

Auch umgekehrt halfen die Ausführungen seiner Mutter Hans dabei, die Situation von damals besser zu verstehen. Sie erzählte ihm, wie alles gekommen war und wie das wiederum mit ihrer Kindheit zusammenhing. Hans gewann so eine erweiterte Perspektive. Am Ende war es nicht nur für ihn, sondern auch für seine Mutter eine große Bereicherung, sich gegenseitig einen Spiegel vorzuhalten und wertschätzend und liebevoll den Knoten in ihrer Beziehung aufzulösen. Es ist so erleichternd, den Eltern auf Augenhöhe zu begegnen und zu verstehen, was deren Beziehung und die Beziehung zwischen ihm und seinen Eltern so lange belastet hat. Hans konnte durch den Dialog mit seiner Mutter vieles klären, und zwar nicht nur in Bezug auf sich und seine Eltern. Indem er seiner Mutter Schritt für Schritt näherkam, wurde er sich auch seines eigenen Verhaltens in der Beziehung zu Katharina bewusst. Hans konnte die Wut und den Trotz umwandeln und Katharina gegenüber aussprechen, was ihm am Herzen lag: »Ja, wir haben ein gemeinsames Thema.«

Beiden, sowohl Hans als auch Katharina, wurden die Zusammenhänge zwischen ihrem Problem und dem elterlichen Konflikt bewusst. Wenn sie stritten und Katharina wie ein Hagelsturm über ihn hinwegfuhr, war sie ihrer Schwiegermutter sehr ähnlich. Hans' bisheriges Verhalten waren der Rückzug und in weiterer Folge die Außenbeziehung. Indem sie sich damit auseinandersetzten, wurde ihnen klar, dass es Hans gar nicht nur um Sexualität ging. »Ich sehne mich so sehr danach, dass du dich auch einfach nur mal zu mir kuschelst und mir sagst, dass du gerne mit mir einschläfst«, sagte er zu Katharina. Er erzählte ihr, dass er als Kind viel zu oft alleine einschlafen musste. Heute wünscht er sich natürlich nicht die Mutter an seine Seite, sondern seine Frau, die er liebt.

Wir machen das schon

So wie Sie als Kind Ihre Eltern beobachteten, so beobachten Sie heute auch Ihre Kinder. So kann es natürlich passieren, dass auch Sie als Vater oder Mutter in eine Opfer-Täter-Zuschreibung geraten. Es hilft, wenn Sie immer wieder innehalten und darauf achten, welches Verhalten Sie von Ihren Eltern übernehmen – doch verhindern kann man das nie, dass Kinder Partei ergreifen.

Sofern Sie beobachten, dass Ihre Tochter oder Ihr Sohn versucht, etwas für Sie auszugleichen, sollten Sie ganz klar kommunizieren: »Ich mache das schon. Ich habe genug Kraft und dein Vater ist ein guter Kooperationspartner, wir klären das.« Es ist sehr wichtig und für die Kinder sehr entlastend, wenn Sie ihnen regelmäßig vermitteln, dass Konfliktlösung Ihre Aufgabe ist und nicht die der Kinder.

Umgekehrt sollten Sie Ihren Kindern zugestehen, dass sie auch einmal parteiisch sein dürfen, und das nicht persönlich nehmen. Wenn Sie nämlich feststellen, dass Sie gerade in die Täter-Ecke gestellt werden, und sagen: »Super, jetzt halten die Kinder auch noch zu dir«, tun Sie niemandem etwas Gutes. Nehmen Sie es nicht persönlich. Kinder wollen nur, dass zwischen den Eltern Gleichheit herrscht. Sie können aus ihrer kindlichen (und auch jugendlichen) Position oft nicht erkennen, wie ausgeglichen eine Beziehung wirklich ist. Besser ist, den Kindern zu vermitteln: »Wir verstehen, dass dich das kränkt, wenn wir streiten. Wir kümmern uns darum, damit es für alle gut ist.«

Hinter den Kulissen

Roland, 54 Jahre

Ich erinnere mich noch gut, dass mich diese Szene sehr verwirrte. Ich konnte nur sehen, dass mein Vater total verletzt, beleidigt und beschämt war. Und ich fragte mich: Warum um alles in der Welt muss man am Nachmittag kuscheln? Schon allein die Vorstellung zu kuscheln, während draußen die Sonne schien, war mir ziemlich suspekt. Ich konnte auch sehen, wie peinlich berührt meine Mutter war.

Dass es in dieser Situation um die nicht gelebte Sexualität meiner Eltern ging, verstand ich jedoch erst viele Jahre später. Als ich bereits erwachsen war, sagte meine Mutter einmal zu mir: »Das war für mich in meinem Leben nie so wichtig.« Auf die Frage, was »das« wäre, sagte sie: »Na, das mit dem Sex.« Was ich noch viel später erfuhr: Meine Eltern hatten zu diesem Zeitpunkt, an diesem heißen Sommertag, bereits eine lange Geschichte des Machtkampfs über die Sexualität hinter sich. Wie meine Mutter selbst sagte, maß sie dem Sex nie große Bedeutung bei, doch damit verletzte sie meinen Vater, ohne es zu wollen.

Dazu kamen zwei weitere Gegebenheiten, die das Problem meiner Eltern noch schürten: Damals wohnte meine Großmutter, die Mutter meines Vaters, mit uns in einer Wohnung. Die Türen waren sehr dünn, das von allen benützte Badezimmer lag gleich neben dem Schlafzimmer meiner Eltern – es lag also auf der Hand, dass Intimität nicht ungehört geblieben wäre und daher in weiten Teilen ausfiel. Keine Frage, dass das Thema zwischen meinen Eltern und der Großmutter nie besprochen wurde.

Möglicherweise lag die mangelnde Bereitschaft meiner Mutter für Sexualität auch daran, dass meine Mutter vor der Ehe mit meinem Vater die »große Liebe ihres Lebens« kennengelernt hatte, einen Mann, der im Krieg ums Leben kam. Damals schwor sie, sich nie wieder in einen Mann zu verlieben. Dass sie dann trotzdem meinen Vater heiratete, lag wohl sehr am Pragmatismus ihrer Mutter, die dafür sorgte, dass die Tochter in geordnete Verhältnisse kam. Auch wenn meine Mutter sehr glaubhaft versicherte, dass sie meinen Vater sehr geliebt hatte, so mag diese nicht abgeschlossene Trauer über den Tod ihrer ersten, großen Liebe sich vielleicht doch auf ihr Eheleben ausgewirkt haben.

Jedenfalls hatten meine Eltern beide so ihre Schwierigkeiten mit der Sexualität. Denn auch in der Familie meines Vaters gab es ein offenes Thema dazu. Nachdem die Mutter meines Vaters sich offenbar dem sexuellen Leben auch nicht sehr zugetan gefühlt hatte, ging sein Vater eine Außenbeziehung ein. Das war für meinen Vater und seine beiden Brüder sehr belastend, und zumindest mein Vater mag damals wohl beschlossen haben: Ich werde meine Frau besser behandeln als mein Vater meine Mutter.

Somit war mein Vater Gefangener seines Beschlusses: Er wollte Intimität mit seiner Frau, die ihm aber verwehrt wurde, und er wollte nicht so sein wie sein Vater, eine Außenbeziehung kam daher nicht in Frage. So blieb ihm nur die Beschwerdestelle »Familie«. Natürlich konnte er nicht sagen »Hört mal her, ihr Lieben, eure Mutter schläft nicht mit mir.« Er hat es auf subtile Art trotzdem geschafft, uns in seine Probleme zu involvieren.

Und nicht nur das eine Problem, er legte auch noch eine zweite Beschwerde nach: seine Frau bewundere das Geschäft der Konkurrenz. Auch darin steckte natürlich eine Kränkung, denn zwischen den Zeilen las er, dass sie mit ihm als Geschäftsmann unzufrieden wäre. Und er erkannte einen Zusammenhang: »Da geht sich Kuscheln nicht aus«, sagte er. Womit er gar nicht so Unrecht hatte. Gerade Frauen haben oft ihre Listen im Kopf, was alles noch zu tun ist, bevor man sich den schönen Dingen des Lebens hingeben kann. Für meinen Vater war das eine doppelte Kränkung: Er war als Mann nicht willkommen und als Geschäftsmann bekam er wenig Wertschätzung.

Bei mir entstand damals der Eindruck, mein Vater leide unter meiner Mutter. Ein Kind will aber nicht, dass die Eltern leiden, sondern dass sie miteinander gut reden können, dass sie Spaß am Leben haben und liebevoll zueinander sind. Kinder wollen nicht erleben, wie Eltern Sex haben, aber sie wollen, dass Mama den Papa begehrenswert findet und umgekehrt. Verstärkt wurde mein Eindruck sicher auch dadurch, dass meine Mutter die Aussage meines Vaters einfach so überging. Das zeigte mir, dass er von ihr überhaupt nicht gesehen wurde, und ich hatte das Gefühl, es stünde da noch etwas anderes, Furchtbares zwischen meinen Eltern. Und noch einen Verstärker gab es: Mein Vater hatte schwere Depressionen, weshalb wir ihn regelmäßig mit traurigem Gesicht herumlaufen sahen. Als wir Teenager waren, versuchte er auch, uns auf seine Seite zu ziehen, indem er sagte, er hätte die Depressionen nur, weil unsere Mutter nicht mit ihm schliefe. Auch als ich schon fast erwachsen war, glaubte ich noch, mein Vater sei das Opfer.

Damals habe ich ganz sicher geschworen: Ich möchte nie von einer Frau so behandelt werden. Und: Ich werde so etwas sicher nie öffentlich sagen. Ich identifizierte meinen Vater als Opfer und beschloss, selbst niemals Opfer zu sein.

Als Imago-Paartherapeuten wissen wir, dass unser Partner, unsere Partnerin uns meist genau mit jenen Themen konfrontiert, die man selbst hat. Daher ist es wohl auch kein Zufall, dass ich mir eine Frau aussuchte, für die Intimität und Sexualität ebenso ein Thema waren wie für mich. Doch während mein Vater sehr subtil Druck auf seine Frau ausübte, indem er uns am Familientisch damit behelligte, strafte ich meine Frau, indem ich aggressiv und vorwurfsvoll war. Und als das alles nicht mehr half, tat ich in meiner Not das, was mein Vater sich verbat: Ich ging eine Außenbeziehung ein. Zum Glück hat meine Frau Sabine darauf reagiert. Wir stritten viel, und als die Außenbeziehung herauskam, waren wir sehr verzweifelt. Doch zum Glück fanden wir in einer Paartherapie einen Weg, unsere Themen aus der Vergangenheit aufzuarbeiten.

Das werde ich dir nie verzeihen

Beipackzettel

Gebrauchsinformation: Bei altem, seelischem Schmerz hilft dieses Kapitel wie eine Wundsalbe ebenso wie bei Stacheln, die man sich in jene alten Wunden eintritt. Es lindert die Schmerzen, fördert die Heilung und macht das Narbengebilde glatt und geschmeidig.

Warnhinweise: Bisher konnten in zahlreichen Studien keine negativen Begleiterscheinungen festgestellt werden. Im Zuge des Vergebens und Verzeihens kann es lediglich kurzfristig zu erneuten Rötungen der alten Wunden kommen, die sich jedoch schnell wieder verflüchtigen.

Ich habe noch immer einen Groll in mir

Sabine und Roland, 33 Jahre, beim Sonntagsfrühstück

Sabine und Roland sitzen beim Frühstück. Graue Novemberwolken schicken trübes Licht ins Zimmer. Die beiden essen und schweigen. Roland sieht nachdenklich seiner Frau zu, wie sie am Kaffee nippt.

»Was ist eigentlich los mit dir?«, fragt er schließlich. »Du schweigst vor dich hin. Da ist doch irgendetwas.«

»Nichts ist.«

»Ach, hör doch auf damit. Natürlich ist da etwas.«

Doch Sabine schüttelt den Kopf. Verärgert wirft Roland seine Serviette auf den Tisch und steht abrupt auf, sodass der Stuhl gegen die Anrichte donnert. »Gut, wenn das so ist, dann brauchen wir auch nicht zu frühstücken. Ich wollte ohnehin etwas arbeiten.« Als er bei der Wohnungstür anlangt, hört er Sabi-

ne rufen. »Pech gehabt«, denkt er und hat schon die Türklinke in der Hand.

»Roland, jetzt bitte bleib«, sagt Sabine nochmal. Sie steht auf, nimmt ihn bei der Hand. »Komm, setzen wir uns und reden wir.«

»Na gut«, sagt Roland, »aber dann reden wir wirklich. Du redest ja nie.«

Sabine seufzt. »Es ist … also es ist mir sehr peinlich, weißt du? Irgendwie schäme ich mich.«

»Komm schon, sag, was dich beschäftigt.«

Sabine legt ihre Hand auf Rolands Arm und blickt ihm eine Weile prüfend ins Gesicht. Dann holt sie tief Luft und beginnt zu erzählen.

»Also gut. Weißt du, letzte Nacht, als wir miteinander geschlafen haben, habe ich wieder einmal gemerkt, dass ich mich nicht richtig entspannen kann. Ich hab viel darüber nachgedacht, weshalb das so ist. Und ich bin draufgekommen … Bitte lache mich jetzt nicht aus, ja?«

Roland wetzt ungeduldig auf seinem Stuhl herum. »Versprochen. Sag schon!«

»Mich beschäftigt in letzter Zeit wieder die alte Geschichte, als du die Affäre mit dieser Frau hattest.«

Roland fährt kurz hoch und ertappt sich dabei, die Augen zu verdrehen. Doch dann reißt er sich zusammen. »Ah, daher weht also der Wind.«

»Ich weiß, wir haben das alles aufgearbeitet. Und das vergangene Jahr war wirklich schön. Doch irgendwie kommen in letzter Zeit diese alten Bilder in mir hoch. Ich frage mich, was hatte sie, was ich nicht habe, und das tut weh.« Sabine stutzt kurz, dann korrigiert sie sich. »Nein, eigentlich tut es nicht weh.

Ich glaube eher, ich habe dir noch nicht restlos vergeben. Ich habe noch immer einen Groll in mir, und dann kann ich nicht ganz abschalten. Ich habe dir noch nicht vergeben!«

Der Stachel der Vergangenheit

Die meisten Paare, die in unsere Praxis kommen, befinden sich in einer großen Not. Nicht selten stecken sie in einer Dreiecksbeziehung – und das ist im Grunde nichts anderes als ein äußeres Zeichen eines bereits lange dauernden Machtkampfes. Sie sind tief verletzt und irritiert und haben Angst vor Verlust und Abweisung. Ein Stachel sitzt in ihrer Seele fest, der sich so leicht nicht herausziehen lässt und der sich stattdessen immer tiefer hineindrückt. Gelingt es, sich gegenseitig zu vergeben und den Stachel des Vergangenen herauszuziehen, dann ist jeder weitere Schritt ein friedlicher. Wenn sich ein Paar in Frieden trennt, dann können beide für die gemeinsamen Kinder weiterhin gute Eltern sein. Wenn das Paar einen Neuanfang findet, dann steht die Zukunft auf solideren Beinen als je zuvor. Wir sind sicher, dass viele Machtkämpfe auf dieser Welt, ob auf privater Ebene, gesellschaftlicher oder politischer, nur deshalb bestehen bleiben, weil Menschen einander nicht vergeben können. Den Machtkampf aufrechtzuerhalten, scheint einfacher zu sein, als zu vergeben!

Wenn Vergebung nicht möglich ist, bleibt der Groll über Jahre bestehen. Die Zeit heilt eben nicht alle Wunden, wie am Beispiel von Veronika und Ulrike zu erkennen ist. Sie waren fast zehn Jahre lang ein Paar, bis sie sich schließlich in Machtkämpfe verstrickten. Veronika hatte eine Außenbeziehung, und das führte zur Trennung. Die beiden gingen im Streit auseinander und verloren sich dann völlig aus den Augen.

Fünf Jahre nach der Trennung war Ulrike auf einer Einkaufsstraße shoppen, da sah sie plötzlich in der Menschenmenge Veronika auf sich zukommen. Ulrike erschrak und drehte sich weg, ihr Herz klopfte wie wild und sie überlegte fieberhaft, wie sie der Begegnung ausweichen könnte. Während Ulrike verkrampft in eine Auslage starrte, hörte sie neben sich: »Hallo, Ulrike, wie schön, dass ich dich wiedersehe!« Doch Ulrike fixierte weiterhin die Auslage. »Wir haben vereinbart, dass wir uns nicht mehr sehen und nicht mehr miteinander reden. Wir sind geschiedene Leute«, presste sie zwischen den Lippen hervor und ging.

Man erkennt ganz deutlich, dass Ulrike nicht vergeben hat, dass in ihrer Beziehung kein guter Abschluss gefunden wurde. Ulrike trägt den Stachel der Kränkung seit der Trennung mit sich herum, und anstatt ihn herauszuziehen, drückt sie ihn immer wieder hinein, gleichsam als Zeichen für ihre Wut und Verbitterung. Wenn Sie in einen Rosenstrauch greifen und ein Stachel bleibt in Ihrer Handfläche stecken, würden Sie versuchen, ihn so schnell wie möglich loszuwerden, nicht wahr? Nicht so Ulrike – und die meisten Menschen in ähnlichen Situationen. Sie schließen stattdessen die Hand zu einer Faust und drücken den Stachel noch weiter in die Handfläche hinein.

Zum einen ist das sehr schmerzvoll. Immer wieder über

die Kränkung nachzudenken und die Trauer zu spüren, ist nicht angenehm. Zum andern ist ein Teil unserer Lebenskraft gebunden. Es ist wie bei einer schönen, saftigen Wiese, in deren Mitte man ein großes, schweres Holzbrett legt. Rundherum wird die Wiese weiter sprießen, doch unter dem Brett wird das Gras verkümmern und vielleicht sogar absterben. Wenn wir nicht vergeben und auch uns selbst nicht vergeben, bleibt ein Teil unserer Vitalität auf der Strecke und verkümmert.

Wenn du dich so verhältst, liebst du mich nicht

Uschi und Rudi sind das, was man ein »altes« Ehepaar nennt, obwohl beide erst Anfang 40 sind. Seit drei Jahren hatten sie jedoch keinen Sex mehr, beide lebten in ihrer eigenen Welt und waren nur deshalb noch verheiratet, weil eine Trennung einfach nicht in Frage kam. Wie Bruder und Schwester wohnten sie unter einem Dach, glücklich waren sie darüber nicht. In der Paartherapie poppte zuerst einmal der unter dem Teppich gehaltene Machtkampf hoch. Dann erst waren sie bereit, einander richtig zuzuhören. Und entdeckten einen Stachel, der schon seit 22 Jahren in ihrer Beziehung steckte.

Uschi erzählte von der Zeit vor ihrer Hochzeit. Sie waren erst seit wenigen Monaten ein Paar und noch nicht verheiratet, als sie ungeplant schwanger wurde. Uschi war völlig überrumpelt. Sie hatte Angst und war unsicher. Ein Gespräch mit Rudi, dachte sie, würde ihnen helfen, gemeinsam eine gute Entscheidung zu treffen. Doch Rudi versetzte diese Neuigkeit unter Schock. »Ich muss mir zwei Wochen Auszeit von unserer Beziehung nehmen«, sagte er, »ich ziehe vorübergehend zu meinen Eltern und werde in Ruhe nachdenken.«

Es war sein Rückzug in dieser für sie so schwierigen Situation, den sie Rudi im Grunde nie verziehen hat. Sie hatte sich damals so allein gelassen gefühlt, und auch wenn Rudi tatsächlich nur »vorübergehend nachdachte« und sie am Ende heirateten und noch drei weitere Kinder bekamen, so saß der Stachel bei Uschi so tief und belastete die Beziehung. »Das vergesse ich dir nie«, sagte Uschi auch in der Therapiestunde 22 Jahre danach, obwohl sie sah, wie betroffen Rudi war, als sie ihm die Geschichte aus ihrer Perspektive erzählte. »Das habe ich überhaupt nicht gewusst! Das muss ja schrecklich für dich gewesen sein!«, sagte er. Doch sie wiederholte nur: »Du hast mir damals wehgetan, das verzeihe ich dir nicht.« Uschi war ganz offensichtlich nicht bereit, den Stachel herauszuziehen. Sie verwendete ihn lieber als Munition im Machtkampf.

Im Laufe der weiteren Therapie stellte sich heraus, dass Rudi nie beabsichtigte, Uschi zu verletzen und alleine zu lassen. Er hatte seine eigenen guten Gründe für sein Verhalten. Denn Rudi war ein »Anlasskind«: Seine Eltern heirateten, weil er unterwegs war. In einem Streit seiner Eltern hörte er seinen Vater einmal sagen: »Natürlich habe ich dich geheiratet, ich hatte auch keine Wahl. Du warst ja schwanger!« Seit damals hatte Rudi eine wunde Stelle in seiner Seele, denn er interpretierte die Aussage so, dass er kein Kind der Liebe ist. Diese seelische Wunde begann aufzuplatzen, als er erfuhr, dass er Vater werden würde. Er wollte es besser machen als seine Eltern. Er wollte sich die Zeit nehmen und gründlich klären, ob er dieses Kind wollte und ob er sich auch unabhängig davon für eine Ehe mit Uschi entscheiden würde. Nach zwei Wochen war es für ihn eindeutig: »Ja, ich will dich heiraten, und ja, ich will das Kind«, sagte er zu Uschi.

Doch in diesen zwei Wochen hatte Uschi ganz andere Gedanken. Wenn wir Menschen etwas beobachten, das uns irritiert, dann interpretieren wir es – und wir interpretieren es unseren Erfahrungen und früheren Erlebnissen entsprechend leider manchmal gegen uns gerichtet. Diese Interpretation ist also eine Nebenwirkung unseres emotionalen Erbes, sie vergiftet unsere Gedanken und damit auch unser Verhalten. Uschis Eltern waren beide berufstätig und dabei ehrgeizig und fleißig. Das führte dazu, dass Uschi in ihrer Kindheit und Jugend in fast allen schwierigen Situationen alleine war. So erzählte sie zum Beispiel, dass sie als einziges Kind der Klasse alleine zum ersten Schultag kam, weil ihre Eltern sich nicht freinehmen konnten. Als Uschi im Klassenzimmer saß, waren mehr Erwachsene als Kinder im Raum, und sie fühlte sich schrecklich alleine. Der Schmerz war so groß, dass sie nicht einmal weinen konnte. Ihren Eltern erzählte sie nichts von diesem Schmerz, sondern schluckte ihn hinunter. So entstand wohl in ihr der Beschluss, in schwierigen Situationen allein zurechtzukommen.

Genau in diese Kerbe, diese alte Wunde, schlug das Verhalten von Rudi. Für eine Frau ist es schon herausfordernd, die körperliche und hormonelle Umstellung zu Beginn einer Schwangerschaft zu bewältigen und sich bewusst zu werden, dass sich das Leben nun drastisch ändern wird. Gerade in dieser Phase dann auch noch alleine gelassen zu werden, führte bei Uschi dazu, dass diese alte Wunde aus ihrer Kindheit wieder zu schmerzen begann. Wie in ihrer Kindheit musste sie auch jetzt erleben, dass sie bei den schwierigsten Aufgaben, die ihr das Leben brachte, alleine war. Uschi konnte also Rudis Verhalten gar nicht anders interpretieren, als dass er sie allein gelassen hatte.

Innere Beschlüsse: Ich muss mich schützen

Als Rudi nach zwei Wochen vor ihr stand und sich so eindeutig für sie und das Kind deklarierte, waren Uschis Gedanken durch ihre Interpretation bereits vergiftet, die da hieß: »Wenn er mich in dieser Situation alleine lässt, wird er das in allen anderen Situationen auch tun. Ich muss ja doch alles alleine durchstehen. Also muss ich so leben, dass ich auch ohne ihn zurechtkomme.« Mit dieser negativen Überzeugung drückte sie den Stachel immer wieder in ihre Seele zurück. Diese Haltung verschränkte sich mit einer weiteren Interpretation, die sie bereits als Kind entwickelt hatte, als ihre Eltern so selten für sie da waren: »Ich bin nicht so wichtig. Die Arbeit meiner Eltern ist wichtiger als ich.« Dass Rudi sich eine Nachdenkpause erbat, interpretierte Uschi auch als eine Bestätigung, dass sie nicht wichtig sei.

Es gibt eine äußere und eine innere Ebene, wenn wir verletzt werden. Die äußere Ebene ist das sichtbare Verhalten, es ist das, was wir beschreiben und erzählen können, so wie Uschi davon erzählte, wie sie allein gelassen wurde. Auf der inneren Ebene jedoch malt man sich aus den Farben vergangener Wunden ein eigenes Bild, um sich zu schützen und mit der Verletzung zurechtzukommen. Dieses Bild kommunizieren wir meistens nicht, oft sind wir uns dessen gar nicht bewusst. Uschi konnte in den zwei Wochen zwar einer Freundin erzählen, was vorgefallen war und in welchem Dilemma sie sich befand. Doch dass sie sich zu diesem Zeitpunkt bereits von ihm distanziert hatte, das konnte sie nicht erzählen, weil sie sich dessen gar nicht bewusst war. Erst in der Paartherapie kam sie ihrer Überlebensstrategie auf die Spur. Als sie beschloss, »ich muss so leben, dass ich auch ohne ihn zurechtkomme«, beschloss sie gleichzeitig: »Ich will dieses Kind. Wenn er mich nicht heiratet, bekomme ich es eben alleine. Wenn wir heiraten, freue ich mich. Doch ich werde mich nicht mehr so tief auf ihn einlassen, dann kann er mich auch nicht mehr so sehr verletzen.« Uschi war also drauf und dran, eine Art Vernunftbeziehung einzugehen. Als Kind war sie so oft allein gelassen worden, nun hatte sie dasselbe bei Rudi erlebt, also konnte sie sich gar nicht vorstellen, dass es einmal anders sein könnte. So sehr drückte sie ihren Stachel zurück in ihre Seele, dass sie sich gar nicht richtig freuen konnte, als Rudi ihr einen Heiratsantrag machte.

Der Preis für das Festhalten des Stachels

Beschlüsse helfen uns, den Schmerz zu unterdrücken. Doch das hat natürlich seinen Preis. Der Preis für Uschi war, dass sie einen Teil ihrer Vitalität nicht ausleben konnte. So sehr sie in den ersten Monaten der Verliebtheit ihren Schmerz überwand und ihre Lebendigkeit und Sexualität auslebte, so wenig konnte sie nach diesem Ereignis ihr Herz zur Gänze öffnen, konnte die Freude und den Spaß mit Rudi nie in vollem Maß genießen. Das führte zu dem, weswegen sie in die Paartherapie kamen: Sie hatten keinen Sex mehr miteinander. »Der Preis ist«, sagte Uschi, »dass ich gar nicht mehr weiß, wie es ist loszulassen, mich ganz dir hinzugeben. Ich vertraue nicht so ganz.«

Den wenigsten Menschen ist bewusst, dass sie mit solchen Beschlussfassungen einen Preis zahlen, indem wichtige Teile des Lebens abgeschnitten werden. Wir haben zwar die besten Argumente, weshalb wir uns ein bestimmtes Verhalten zugelegt haben. Doch wenn wir an unseren Beschlüssen festhalten und unser Verhalten nicht verändern, leiden wir selbst und unsere Beziehung auch. Viel zu oft und viel zu schnell werden aus diesem Grund Beziehungen getrennt.

Den Stachel herausziehen

In unserer mehr als zwanzigjährigen Arbeit als Paartherapeuten haben wir zwei wesentliche Phänomene festgestellt. Zum einen: Den Machtkampf aufzugeben zugunsten der Vergebung, ist der erste wichtige Schritt für ein friedvolles Miteinander. Wer an seiner Verletzung festhält, sorgt für weitere Verletzungen, und zwar sich selbst als auch anderen gegenüber. Nur wer zur Vergebung bereit ist, entkommt diesem Teufelskreis. Zum andern: Paare, die einander vergeben, legen die Basis für eine wirklich dauerhafte Beziehung. Vergebung ist oft schon eine große Herausforderung, doch je besser und tiefer man sich selbst und andere versteht, desto leichter ist es.

In den Schuhen des anderen – den eigenen Beitrag erkennen

Es ist vielleicht die Hauptsache zu erkennen, was der eigene Beitrag dazu ist, dass es zu einer Krise gekommen ist, die einen so verletzt hat. Hilfreich dabei ist wieder einmal unser Theaterblick, der uns ermöglicht, die Welt des anderen besser zu erkunden. Ein altes, indianisches Sprichwort sagt: »Urteile über keinen Menschen, wenn du nicht mindestens einen Monat in seinen Mokassins gegangen bist.« Wir baten Uschi, in Rudis Schuhe zu steigen, und zwar in jene Schuhe, die er damals mit 20 Jahren anhatte, als sie ihr erstes Kind erwarteten. Uschi sagte: »Ich stelle mir vor, dass du damals sehr verunsichert warst.« Plötzlich tauchte eine Erinnerung auf. Kurz bevor sie erfuhr, dass sie schwanger war, hatte sie zu Rudi gesagt, sich nicht sicher zu sein, ob das mit ihm eine langfristige Beziehung werden könnte. Dann hatten sie einen Streit und Uschi sagte im Affekt: »Mit so einem Mann wie dir will ich nicht leben und sicher keine Kinder bekommen.« Damit hatte sie Rudis wunden Punkt erwischt, denn er interpretierte Uschis Worte so, dass sie sich ihrer Liebe nicht sicher sei. Dann erfuhr er, dass sie schwanger war – und die alten Bilder kamen hoch: So oft hatte er seinen Vater zu seiner Mutter sagen hören, dass er sie nur wegen des Kindes geheiratet hatte! Nun war er in derselben Situation.

Als Uschi diese Hintergründe hörte, konnte sie Rudis Bedürfnis nach der Auszeit verstehen. Sie konnte auch klar erkennen, was ihr eigener Beitrag zu der Geschichte war: ihre eigene Ambivalenz der Beziehung gegenüber. Aufgrund ihrer Erfahrungen war sie so gepolt, dass sie dachte: »Ich bin nicht so wichtig, daher wird er mich mit einem Kind nicht nehmen.« Sie hatte sich selbst kleingemacht. Uschi erzählte uns, dass in dem Moment, wo ihr das bewusst wurde, ein Ruck durch ihren Körper ging und sie fühlte, wie sich etwas löste. Der Teil, den sie von ihrem Leben abgeschnitten hatte, meldete sich zurück, er konnte wieder atmen. Sie fühlte sich gewachsen und gereift und auch befreit, denn nun gab es kein Opfer und keinen Täter mehr, sie waren beide zu gleichwertigen Akteuren geworden, die gemeinsam ihr Verhalten neu gestalten konnten.

Vergeben können

Wenn man einmal verstanden hat, was hinter dem Verhalten der Partnerin, des Partners steckt, geht Verzeihen leichter und schneller. Nur der Weg zum Verstehen braucht Zeit: Wie ist der Stachel in meine Seele gelangt? Welches Verhalten meines Partners hat den Stachel genau in jene alte Wunde gedrückt, die ich seit meiner Kindheit habe? Wie sieht die Situation aus der Sicht meiner Partnerin aus? Was habe ich selbst dazu beigetragen, dass es so weit kommen musste? Damit ist jedoch nur das ganz konkrete Verhalten in der thematisierten Situation gemeint.

Eine »Generalamnestie« ist nicht zielführend. Man zieht auch nur einen Stachel aus der Seele, nicht gleich alle!

Die größte Herausforderung beim Vergeben ist jedoch, sich selbst jenen Anteil zu vergeben, den man zu der Situation beigetragen hat. Denn das bedeutet schließlich zuzugeben, auch etwas falsch gemacht zu haben. Uschi fiel es leichter, Rudi zu vergeben, nachdem sie nun so gut verstehen konnte, dass auch er eine große Not zu verarbeiten hatte. Sich selbst jedoch konnte sie nicht so leicht vergeben. Wir baten sie, in die Schuhe der zwanzigjährigen Uschi zu steigen und die Situation einmal aus dieser Perspektive zu betrachten. Sie erkannte, dass sie nach einem Mann suchte, der zu mindestens tausend Prozent verlässlich und immer für sie da war. Damit überforderte sie Rudi natürlich. Sie konnte ihren Anteil an der Schaffung dieser Geschichte sehen und es gelang ihr, sich selbst zu vergeben. Damit gelang es ihr auch gleichzeitig, eine neue Tradition zu begründen, nämlich dass Vergeben und Verzeihen ein wichtiger Teil in einer Partnerschaft ist. Dieser Vergebungsprozess, vor allem auch sich selbst gegenüber, öffnet ein neues Tor der Sicherheit – eine wichtige Grundlage für Uschi und Rudi, um sich in der Intimität fallen lassen zu können.

Der Vergebungsdialog

Dieser ganz spezifische Dialog, von Hedy Schleifer erfunden und von uns weiterentwickelt, schafft oft eine ganz neue Basis in einer Beziehung – in Form eines Neuanfangs oder einer wertschätzenden Trennung. In diesem

Dialog wird die Verletzung noch einmal ganz genau besprochen. Auch wenn sich manche dagegen wehren, weil sie den Eindruck haben, es sei sinnlos, sich so schmerzhafte Erlebnisse nochmal zu vergegenwärtigen: Unsere Erfahrung ist, dass dadurch ein echter Heilungsprozess stattfindet. Nur wenn etwas wirklich geheilt ist, dann ist es zwar nicht vergessen, aber es zählt nicht mehr. Dann kann man darüber reden, es vielleicht als ein unangenehmes Erlebnis erzählen, doch der Groll hat sich aufgelöst.

Im Dialog beschreibt man zunächst die Verletzung.

☞ Wer ist die Person, die Sie verletzt hat? Das kann Ihr Partner, Ihre Partnerin oder auch ehemalige Partner sein, Ihr Bruder, Ihre Schwester etc.

☞ Was genau hat Sie verletzt?

Im nächsten Schritt versucht man, den eigentlichen Schmerz und den inneren Beschluss zu identifizieren.

☞ Was ist dabei Ihr tiefster Schmerz?

☞ Was hat das in Ihnen verändert und was haben Sie damit wohl beschlossen? Im Anschluss daran ist es für die meisten recht einfach herauszufinden, welchen Preis sie für diesen Beschluss bezahlen.

☞ Welche Energie bleibt gebunden, welche Energie kann nicht gelebt werden, weil man diese Verletzung noch festhält?

Im nächsten Schritt werden dann die Schuhe der oder des anderen angezogen. Man stellt sich ganz in seine bzw. ihre Position.

- ☞ Wie mag sich der oder die andere gefühlt haben?
- ☞ Was war Ihr eigener Beitrag? Der Theaterblick hilft Ihnen dabei. Was haben Sie vielleicht schon davor getan, sodass es nachvollziehbar wird, warum der oder die andere so und nicht anders gehandelt hat?

Der Dialog endet damit, dass man dem anderen und sich selbst vergibt und dies auch ausspricht. Das gibt einem das Gefühl, etwas loszulassen, das bisher hinderlich war, und Freiheit und inneren Frieden zu spüren.

Revanche?

Mit dem Vergeben ist das Problem meistens für beide Partner erledigt. Doch manchmal hat gerade derjenige, der dem anderen die Verletzung zugefügt hat, das Bedürfnis, eine Art Ausgleich zu schaffen. Gemeint ist nicht die Erlaubnis zur Rache. »Ich habe mich mit einer anderen Frau eingelassen, jetzt darfst du zum Ausgleich mit einem anderen Mann schlafen« – so ist das natürlich nicht gedacht.

Ein Ausgleich ist oft überhaupt nicht notwendig, doch es ist eine sehr schöne Geste. Rudi hat seine Uschi an jenen Ort entführt, von dem sie glaubten, dass ihr erstes Kind dort gezeugt wurde. Er überreichte ihr einen großen Blumenstrauß und hatte sich eine kleine Rede zurechtgelegt, in der er seine Liebe und seine Wertschätzung ausdrückte und seine Dankbarkeit dafür, dass sie mit ihm diese schwierige Phase so glücklich durchgestanden hatte. Welche Geste auch immer für das Paar passend erscheint, so ist eines wichtig dabei: Es sollte keine Unterwerfung damit verbunden sein, denn damit wäre wiederum ein Ungleichgewicht hergestellt und das würde bedeuten, dass etwas noch nicht ganz abgeschlossen ist.

Vergebung erneuert Familientraditionen

Vergebung beginnt eigentlich bei den Eltern, bei den Geschwistern, bei den Expartnerinnen und -partnern. Oft bedarf es gar keiner Vergebung in der Paarbeziehung, weil ganz offensichtlich ist, wo das Problem herrührt, und dass es darum geht, Mutter oder Vater zu vergeben. Um in der jetzigen Liebesbeziehung das zu leben, was man bisher ausgeblendet oder abgeschnitten hat, muss man manchmal auch »nur« dem Vater bzw. der Mutter vergeben.

Bei unseren Generationen-Workshops nimmt eine erwachsene Tochter bzw. ein Sohn mit Vater oder Mutter teil. Wir beobachten sehr oft, dass ein Staffelstab in Form von Verhalten oder Verletzungen von einer Generation an die nächste weitergegeben wird. Das auf Generationenebene zu klären, erscheint also nur fair – denn was kann der aktuelle Partner dafür, dass ein ähnlicher Konflikt in der Familie schon lange Tradition hat und deshalb nicht aufgelöst werden darf?

In den Dialogen zwischen den Generationen geht es meist um Vergebung – doch vor allem geht es ums Zuhören. Eine Teilnehmerin sagte einmal zu ihrem Vater: »Dein Zuhören zählt viel mehr als deine Entschuldigung.«

Es braucht die Bereitschaft der Töchter und Söhne, ihre wahre Verletzung zu identifizieren und Mutter und Vater gegenüber auch auszusprechen. Unsere Aufgabe als Therapeuten ist es, den Eltern Unterstützung zu geben, sodass sie mit der Tochter bzw. dem Sohn auch mitfühlen können. Wenn das gelingt, spüren die Töchter und Söhne, dass genau das eintritt, was sie sich schon als Kind gewünscht haben: dass die Eltern ihnen auf Augenhöhe begegnen, ihnen zuhören, sie verstehen und mit ihnen mitfühlen. Das ermöglicht, den Eltern zu vergeben. Manchmal waren diese Verletzungen für das kleine Kind so groß, dass ein einziger Dialog nicht reicht, um alles zu vergeben. Doch ein erster Schritt zur Heilung der Generationsbeziehung ist getan!

Oft sind es auch die Geschwister, mit denen wir hadern – vielleicht stellvertretend für einen Konflikt mit Vater oder Mutter, weil es zu gefährlich wäre, sich mit den Eltern anzulegen. Wir haben auch schon beobachtet, dass Konflikte, die die Eltern mit den Großeltern hätten austragen müssen, auf die Geschwisterebene verschoben worden sind. Das ist einer der Gründe, weshalb wir auch einen Geschwister-Workshop kreiert haben: um solcherlei Irrtümer aufzuklären.

Auch nicht verarbeitete Verletzungen mit Expartnern können die aktuelle Beziehung belasten. Man könnte zum Beispiel beschlossen haben: »Ich vertraue nie wieder einer Frau/einem Mann.« Die Auswirkungen eines solchen Beschlusses bekommt zwangsläufig der aktuelle Partner zu spüren. Daher ist es sinnvoll, sich auf einen Vergebungsprozess mit der Expartnerin, dem Expartner einzulassen.

Im Wesentlichen ist es die Verantwortung von jedem von uns, darauf zu achten, wo wir offene »Baustellen« haben. Wo haben wir jemandem nicht vergeben? Wem gegenüber hegen wir noch immer Groll? Selbst wenn die andere Person zu einem Versöhnungsprozess nicht bereit ist oder nicht (mehr) zur Verfügung steht, gibt es Möglichkeiten, sich dennoch die nötige Erlösung zu verschaffen. Wir werden manchmal gefragt, wie das möglich ist, wenn Mutter oder Vater bereits gestorben sind. Eine Möglichkeit ist, dass der Partner oder eine andere Vertrauensperson stellvertretend die Rolle des Elternteils übernimmt und der Vergebungsprozess mit dieser stellvertretenden Person durchschritten wird. Es mag zwar vielleicht befremdlich wirken, in die Rolle der Schwiegermutter oder des Schwiegervaters zu schlüpfen – doch ist es nicht erstens ein wunderbarer Liebesbeweis, sich darauf einzulassen? Und ist es zweitens nicht eine tolle Gelegenheit, die Partnerin bzw. den Partner dadurch noch besser zu verstehen und zu begreifen, dass so mancher Streit weniger mit einem selbst als mit der Ursprungsfamilie des Partners zu tun hat?

Hinter den Kulissen

Sabine und Roland, 54 Jahre

Roland: Zum Zeitpunkt dieses Gesprächs beim Frühstück lag die Affäre, die ich hatte, über ein Jahr zurück. Ich hatte mich auf diese andere Frau eingelassen, obwohl Sabine und ich damals bereits in einer Paartherapie waren. Als die Affäre auf den Tisch kam, war unsere Krise natürlich auf dem Höhepunkt. Nach einigen Monaten jedoch war die Außenbeziehung beendet und ich entschied mich klar für die Beziehung mit Sabine. Als Sabine beim Frühstück diese alte Geschichte wieder auf den Tisch legte, war ich zunächst verwirrt und verärgert. Denn ich hatte gedacht, dass alles wieder in bester Ordnung war. Doch im Laufe des Gesprächs wurde mir klar, wie sehr ich Sabine damals verletzt haben musste.

Sabine: Dank der Paartherapie war ich dazu angehalten zu fragen: »Was fehlt unserer Beziehung, das Roland bei dieser anderen Frau findet?« So wurde mir klar, dass ich meine Weiblichkeit – mit meiner Erotik, meiner Sexualität – schon vor Jahren an der Garderobe abgegeben hatte. Ich war vielbeschäftigte Therapeutin, ich war Mutter und schon langjährige Ehefrau, und so dachte ich mir nichts dabei, es mir daheim mit Schlabbershirt und ausgeleierten Jogginghosen bequem zu machen. Und ich hatte Ausreden, wenn Roland Sex haben wollte. Also suchte Roland eine Beziehung, in der Erotik und Sexualität genug Platz hatten. Die Affäre hatte mich endgültig wachgerüttelt. Ich kämpfte um meinen Mann und zeigte ihm meine ganze Leidenschaft und Lust. Roland hat sich dann auch wieder für mich entschieden und alles schien überwunden.

Doch bald flaute unsere Intimität wieder ab, zwar nicht so weit wie vor Rolands Affäre, doch es ging gefährlich in diese Richtung. Und dann kam es zu der Szene am Anfang des Kapitels. Es war gut, dass ich beim Frühstück das Thema anschnitt, und es war gut, dass Roland darauf bestand, dass ich ihm alles erzähle. Wir machten einen Vergebungsdialog, wie wir ihn weiter oben beschrieben haben, und dabei kam einiges wirklich Essenzielles ans Tageslicht.

Die wichtigste Erkenntnis war, dass ich mich bei Intimität nicht ganz fallen ließ, weil ich nicht ganz vertrauen konnte. Doch Vertrauen ist sehr wichtig für Sexualität! Als ich damals um Roland kämpfte, konnte ich all die Verletzung und Beschämung recht schnell zur Seite stellen. Ich hatte keine Zeit, meine Wunden zu versorgen, ich hatte meinen Mann wiederzuerobern und legte all meine Energie hinein, ihn für mich zu gewinnen!

Und so blieb ein Stachel in meiner Seele, ich hatte ihm damals zu wenig Beachtung geschenkt. Ich spürte ihn immer wieder, doch da war andererseits auch eine Stimme, die sagte: »Roland hat sich für dich entschieden, du bist attraktiv, er ist mit dir glücklich. Lass doch diese alte Geschichte endlich ruhen!« Ich war innerlich im Zwiespalt und mir daher nicht im Klaren, was los war. Daher war es auch schwer, Roland davon zu erzählen.

Der Vergebungsdialog war keine einfache Sache. Ich musste mir all die grausigen Bilder, all die schwarzen Gedanken und Gefühle wieder präsent machen. Ich fragte mich schon, wie sinnvoll es sei, sich diesen Schmerz nochmal anzutun. Doch andererseits war da auch dieser Stachel, der die ganze Zeit über schmerzte.

»You cannot heal what you do not feel« heißt ein Spruch, an den ich mich immer gern gehalten habe. Was in unserem Vergebungsdialog dann alles zutage kam, waren Abgründe und zugleich wirklich heilsame Erkenntnisse: »Eigentlich kann man wirklich niemandem vertrauen. Irgendwann werde ich immer verletzt und verraten« war so eine tiefe Überzeugung, deren ich mir zuvor gar nicht bewusst gewesen war. Diese Spur führte geradewegs in meine Kindheit, in der ich von meiner Mutter

fast täglich hörte, dass man Männern nicht vertrauen könne. Sie wollten »ohnehin immer nur das Eine«, und wenn es darauf ankäme, sei auf sie kein Verlass. Davon war meine Mutter überzeugt.

Mit Rolands Affäre war diese »Weisheit« also bewiesen worden, und so beschloss ich wohl, um ihn zu kämpfen, jedoch ihm nie mehr wirklich zu vertrauen. Das Kämpfen führte dazu, dass ich über meinen Schatten springen und in meiner Persönlichkeit wachsen konnte. Ich entdeckte mich als Frau ganz neu! Doch ein großes Stück Vertrauen in unsere Beziehung ging verloren. Dass ich einige Jahre zuvor ebenfalls eine Affäre hatte, machte die Sache nicht anders. Solche Verletzungen lassen sich eben nicht einfach aufrechnen.

Im Vergebungsdialog war mir sehr wichtig, meine Wahrnehmung zu schärfen. Ich nahm den Theaterblick ein und betrachtete mich und meine Familie. Ich nahm sogar den besten Logenplatz, denn ich brauchte Zeit dafür. Den Satz »Männer wollen nur das Eine«, den hatte meine Mutter aus einer tiefen, inneren Verletzung heraus gesagt, denn mein Vater hatte unzählige Affären. Seine Affären wiederum waren sein Versuch, sich gegen die Umklammerung meiner Mutter zu wehren.

Meine Mutter wurde von ihrer Mutter großgezogen, einer vornehmen Dame, für die Sexualität und jegliche andere Art, sich gehen zu lassen, tabu waren. Meine Mutter rebellierte dagegen, indem sie sich einen Filou als Mann aussuchte: meinen Vater, mit dem sie in den Nachkriegsjahren viel Spaß hatte. Meine Großeltern befanden den Schwiegersohn, also meinen Vater, als nicht standesgemäß, doch das war meiner Mutter egal. Erst als die Beziehung Risse bekam, wie es in jeder Beziehung passiert, begann meine Mutter, meinen Vater zu kritisie-

ren, der sich dann gekränkt zurückzog und sich auch nicht um uns Kinder kümmerte. Und so bekam meine Mutter die Vorahnungen ihrer Mutter auf dem Präsentierteller bestätigt, und in ihrer Loyalität ihren Eltern gegenüber beschloss sie, dass mein Vater nicht der Richtige für sie sei.

Als mir Roland seine Affäre gestand, waren mir die Hintergründe in meiner Familie nicht klar gewesen. Doch nun, im Vergebungsdialog ein Jahr später, wurde mir klar, dass ich diesen Stachel schon immer mit mir herumgetragen hatte, weshalb ich mich auch nie wirklich uneingeschränkt hingeben konnte. So ist die Leidenschaft auf der Strecke geblieben – und letztlich passierte das, was ich immer schon befürchtet hatte: Er hatte eine andere.

Das war also mein Anteil an unserer Krise. Von außen betrachtet schien für viele klar, dass Roland die Krise verursacht hatte. Doch in Wahrheit habe ich genauso viel dazu beigetragen wie er. Erst nach dieser Erkenntnis konnte ich Roland und auch mir wirklich vergeben und Vertrauen in der Beziehung wiederfinden, was eine der wichtigen Voraussetzungen für Sexualität ist. Dass es jedoch noch mehr brauchte, haben Sie im zweiten Kapitel erfahren: Ich musste auch noch meinen richtigen Platz im Leben finden und eine große Portion Selbstbewusstsein gewinnen.

Ich darf keine glückliche Beziehung haben

Beipackzettel

Gebrauchsinformation: Dieses Kapitel hilft, wenn das Beziehungsvorbild, das Eltern abgeben, schief hängt und durch unangemessene Loyalität, Sehnsucht oder Selbstschutz die aktuelle Liebesbeziehung leidet.

Warnhinweis: Das Lesen und Verstehen dieses Kapitels kann dazu führen, dass man in die Abgründe des eigenen Seelenlebens Einblick bekommt. Die Mitnahme von Steighilfen ist angeraten, um aus diesem Abgrund wieder heil herauszukommen.

Alltagszoff

Sabine und Roland, 52 und 53 Jahre alt, im Büro

Ein erfüllter und auch anstrengender Arbeitstag geht zu Ende. Roland schreibt noch an einem Protokoll zur Dialograum-Gruppe, die er mit Sabine gerade geleitet hat, und sieht den Posteingang durch. Als Sabine hereinkommt, sieht sie ihn abgespannt vor dem Computer sitzen. »Kann ich dir beim Protokoll helfen?«, fragt sie.

»Nein, das mache ich schon. Aber da sind ein paar kurze Texte, die ich heute noch wegschicken möchte. Wenn du die überarbeitest, wäre das super.«

Sabine schnappt das Papier und geht nach Hause. Dort findet sie ein unaufgeräumtes Wohnzimmer, in der Küche jede Menge schmutziges Geschirr und am Esstisch zwei hungrige Kinder, die über ihren Lehrbüchern brüten. Sie macht also Es-

sen und ist für die nächsten zwei Stunden mit Hausarbeit beschäftigt. Dann gönnt sie sich eine kurze Verschnaufpause und setzt sich vor den Fernseher, um wenigstens ein paar Minuten die Nachrichten zu sehen – und vergisst die Texte.

In diesem Augenblick kommt Roland zur Tür herein, müde von zwei Stunden Büroarbeit, die er gerade erledigt hat. Er sieht seine Frau vor dem Fernseher sitzen und ärgert sich.

»Na super, dass du die Texte verbessert hast«, sagt er zynisch und blickt Sabine böse an. Sabine schweigt.

»Hast du mich nicht gehört? Wir haben ausgemacht, dass du mir die korrigierten Texte noch bringst, damit ich sie wegschicken kann. Hast du vergessen, oder waren die Nachrichten wichtiger?«

Sabine sitzt da mit verkniffenem Mund, und nach einer Weile sagt sie: »Ja, ich habe vergessen, stell dir vor. Aber ich sitze erst seit einer halben Minute hier, weil ich bis jetzt Hausarbeit gemacht habe, ob du es glaubst oder nicht.«

Der Abend endet wortlos. Roland ist sauer und geht bald zu Bett. Als Sabine eine halbe Stunde später nachkommt, schläft er schon.

Die Eltern als Beziehungsvorbild

Das erste Liebespaar, das wir in unserem Leben beobachten, sind unsere Eltern. Wir erleben die ganze Dynamik zwischen den beiden – die Machtkämpfe, die Rollenverteilung, die Kommunikation zwischen ihnen – schon aus dem Kinderwagen. Und so, wie wir grundsätzlich durch Nachahmen lernen, eignen wir uns auch in Bezug auf das Beziehungsleben die Eigenarten von Mutter und Vater an.

Die logische Konsequenz: Viele Probleme, die wir als Erwachsene haben, hängen damit zusammen, in welcher Weise die Eltern uns ein Vorbild waren und was wir davon übernommen haben. Unsere Entdeckung war es, dass eine enorme Erleichterung eintritt, wenn das Paar begreift, wo dieses seltsame Verhalten herrührt. Wenn man herausfindet, dass es Ähnlichkeiten im Verhalten gibt zwischen sich selbst und einem Elternteil, versteht man den eigenen Beziehungstanz, den Machtkampf, die Rollendynamik, viel besser. Vor allem aber löst es einen Knoten, man ist in der Lage, die gegenseitigen Verletzungen richtig zuzuordnen. Wer die Beziehungsgeschichte der Eltern für sich abschließen kann, für den lösen sich meist auch die eigenen Liebesprobleme, sodass er einen neuen, selbst gestalteten Weg einschlagen kann.

Selbstboykott

Nach sechzehn Jahren Ehe schleppte Christa ihren Ehemann Gernot zu uns in die Praxis, weil sie die vielen Konflikte klären wollte. Zunächst wehrte sich Gernot heftig gegen die Sitzungen, dann stimmte er zu, maximal zwei weitere Termine wahrzunehmen. Es dauerte nicht lange, da waren Christas und Gernots Kindheitsgeschichten auf dem Tisch. Gernot war sehr berührt zu erfahren, wie einsam sich seine Frau als Kind gefühlt hatte. Christas Eltern hatten einen Bauernhof und waren den ganzen Tag über auf dem Feld. Ihre Geschwister waren alle schon weggezogen, denn sie waren alle schon erwachsen, und so war Christa viel alleine. »Das wusste ich gar nicht«, sagte er und musste dann weinen, weil es ihn schmerzlich daran erinnerte, dass auch er viel allein war. Als typisches Schlüsselkind einer Arbeiterfamilie war niemand zu Hause, wenn er von der Schule heimkam, und er saß stundenlang am Gangfenster ihrer Altbauwohnung und wartete, bis seine Mama nach Hause kam. Christa und Gernot entdeckten also eine Seelenverwandtschaft, ein Schicksal, das sie teilen konnten, und das erzeugte eine tiefe Verbindung. Viele ihrer Machtkämpfe lösten sich schnell auf. Nach der siebenten Sitzung beendeten sie die Paartherapie, weil sie der Meinung waren, es ginge ihnen nun wieder gut miteinander.

Ein halbes Jahr später bekamen wir einen Anruf von Gernot. Die starke Verbindung aus diesen Sitzungen hatten sie bald wieder verloren. Sie hatten nun zwar ein tieferes Verständnis über ihre Seelenverwandtschaft, doch im Beziehungsalltag kam bald wieder das alte Verhalten zum Vorschein. Es braucht mehr als das Wissen über eine auch noch so tiefgehende Gemeinsamkeit, um eine Beziehung gelingen zu lassen.

In einem von uns geleiteten Dialog sprach Christa eine große Sehnsucht aus: »Ich wünsche mir so sehr, dass du am Abend gerne nach Hause kommst und nicht immer so spät. Ich würde mich so freuen, wenn du öfter einen Abend mit mir verbringst und mich fragst, wie mein Tag war.« Wir baten beide, den Theaterblick einzunehmen und sich einen typischen Abend als ein Bühnenstück vorzustellen, das sie vom Logenplatz betrachten konnten. So konnten sie gut erkennen, warum diese schönen gemeinsamen Abende nicht zustandekamen. Wir fragten, was wohl beide dazu beitrugen – also nicht nur Gernot, sondern auch, was Christas Anteil daran war, dass ein früheres Heimkommen für Gernot nicht attraktiv war.

Christa machte zunächst große Augen. »Ich mache es ihm schwer? Aber ich wünsche mir doch nichts sehnlicher!« Doch nach einer kurzen Nachdenkpause huschte ein verlegenes Lächeln über ihr Gesicht. »Nun, meistens bin ich unfreundlich. Ich schaue ihn nicht an, mache ihm Vorwürfe oder überfalle ihn gleich mit einer Frage, ob er dies und jenes schon erledigt hätte.«

Hätten wir nun Christa gefragt, warum sie das denn tat, so hätte sie uns garantiert eine Reihe an Begründungen nennen können. Doch uns interessierte etwas ganz anderes: »Wo konntest du dieses Verhalten das erste Mal in deinem Leben beobachten?« Wir baten sie wiederum, mit Hilfe des Theaterblicks in ihrer Lebensgeschichte zurückzugehen, in ihre junge Erwachsenenzeit, ihre Jugend, ihre Kindheit – und dann erinnerte sie sich, dieses Verhalten bei ihrer Mutter beobachtet zu haben. Ihre Mutter hatte enormen Stress mit dem Vater, denn der hatte ja immer nur seine Vereine im Kopf. Wenn endlich auf dem Bauernhof alles erledigt war, ging er entweder in den Verein oder zur Gemeinderatssitzung oder er schnappte seine Tuba und ging zur Blasmusik. »Dass er Tuba spielen wollte, habe ich ja noch verstanden, doch dass er dann im Musikverein auch noch den Kassierjob angenommen hatte, das war wirklich zu viel.« Wir fragten: »Jetzt spricht aber schon fast die Mutter aus dir, oder?« »Klar«, sagte sie. Und dann musste sie nachdenken. »Das habe ich mir noch nie überlegt, aber es stimmt. In diesem Verhalten bin ich meiner Mutter ähnlich.« Christa erinnerte sich, dass ihre Mutter dem Vater oft Vorhaltungen machte, wenn der sich anschickte fortzugehen. »Wie wäre es, wenn du einmal daheim bleibst und deinen Abend mit mir verbringst? Du bist wie dein Vater, der musste auch auf jedem Kirchweihtag tanzen. Ich sitze immer allein zu Hause und muss mich um unser Kind kümmern.« Der Zusammenhang zwischen Christas Verhalten Gernot gegenüber und der alten Beziehungsgeschichte ihrer Eltern war damit auf den Tisch gebracht.

Symptom Ausweg

Wenn in der Beziehung etwas nicht stimmt und das Problem nicht besprochen und gelöst wird, entwickeln wir unbewusst Auswege, um uns vom Frust abzulenken. Wie in unserem ersten Buch »Leih mir dein Ohr und ich schenk dir mein Herz« ausgeführt, unterscheiden wir zwischen katastrophalen Auswegen – zum Beispiel Mord oder Selbstmord –, ernsten Auswegen – wie Affären, Sucht, spontane Trennung – und alltäglichen Auswegen – wie zum Beispiel Müdigkeit, Vorwürfe, übermäßige Konzentration auf die Kinder oder Mehrarbeit. Gerade Letztere wird oft nicht als Ausweg erkannt. Schließlich ist es wichtig und ehrbar, Überstunden zu machen und dadurch das Familieneinkommen aufzubessern. Doch wenn man die ständigen Überstunden hinterfragt und feststellt, dass man in Wahrheit deshalb länger im Büro bleibt, weil man den Konflikten zu Hause entgehen möchte, dann unterbindet man die dringend notwendige Kommunikation zur Partnerin und der Konflikt bleibt bestehen und vergiftet das familiäre Klima.

Wenn wir diesem Verhalten auf den Grund gehen und in unsere Kindheit wandern, werden wir mit größter Wahrscheinlichkeit dieselben Auswege bei unseren Eltern finden. Das ist grundsätzlich nicht weiter verwunderlich. Auch die Hirnforschung bestätigt, dass wir über Spiegelneuronen im Gehirn Verhaltensweisen kopieren, die wir erleben. Genau so, wie wir als kleines Kind lernen, wie man andere Menschen begrüßt oder mit Messer und Gabel isst, weil wir das von Eltern abschauen, lernen wir auch andere Verhaltensweisen – zum Beispiel, welchen Ausweg man in bestimmten Situationen wählt. Die Eltern zu kopieren ist also im Grunde genommen sehr sinnvoll und kein destruktives Verhalten.

Christa aus unserem Beispiel von vorhin hat erwähnt, dass ihre Mutter dem Vater vorgeworfen hatte, er würde genauso auf jedem Kirchweihtag tanzen wie sein Vater. Er hat den Ausweg also auch schon kopiert. Christa wiederum hat sich auf die Seite ihrer Mutter gestellt und ihr Verhalten kopiert: In diesem Fall ist der Ausweg, Vorwürfe zu machen. Sie hat als Kind oft genug beobachtet, wie ihre Mutter abends von der schweren Arbeit abgekämpft nicht in der Lage war, ihrem Mann freundlich zu sagen, dass sie manche Abende gern mit ihm verbringen würde. Somit bekam Christa kein brauchbares Verhalten vorgelebt, wie man es anstellt, um Nähe herzustellen. Mit jeder Vorhaltung, die sie ihrem Mann Gernot macht, meint sie eigentlich: »Du hast mir gefehlt, bitte umarme mich.«

Doch ein offenes Gespräch über Gefühle zu führen, hat sie von ihrer Mutter nicht gelernt. Die Sehnsucht nach Nähe ist da, findet aber nur einen fehlleitenden Kanal, der das Gegenteil bewirkt.

Auch Gernots Verhalten hat eine Geschichte. Als Schlüsselkind wartete er täglich, bis seine Mutter am frühen Abend von der Arbeit heimkam. Sein Vater, Automechaniker, musste schon als Kind viel arbeiten, damit die Familie ausreichend Geld hatte. Das Einzige, was er sich an Freizeitvergnügen leisten konnte, war ein kostenloser Kurs im Chorsingen – und das blieb sein Hobby, auch als er eine eigene Familie hatte. Worüber haben Gernots Eltern regelmäßig gestritten? Genau: Seine Mutter machte dem Vater Vorhaltungen, dass er kaum zu Hause war. Der Vater fühlte sich dadurch oft eingeschränkt, und weil er sich dem Konflikt nicht stellen konnte, ging er manchmal sogar gleich nach der Arbeit zum Chorsingen. Wenn nun Christa Gernot vorwirft, ihm sei sein Freizeitvergnügen wichtiger als die Familie, ist das für Gernot vertrautes Terrain. Er hat das Verhalten seines Vaters kopiert. Bei ihm sind es die Tarockabende mit seinen Freunden, zu denen er flüchtet.

Um den eigenen Auswegen auf die Schliche zu kommen, ist es also nicht nur sinnvoll, sich mit der Partnerin, dem Partner auseinanderzusetzen, sondern auch herauszufinden, welchen Beziehungstanz die Eltern uns vorgelebt haben, und das gelingt am besten mit dem Theaterblick. Es geht nicht darum, einen Schuldigen zu finden – was würde es denn helfen zu sagen, der Vater sei schuld, dass man sich so und nicht anders verhält? Was allerdings hilft, ist, dass man durch das Verständnis über die Beziehung der Eltern das eigene Verhalten besser versteht.

Warum tun wir das?

An diesen Beispielen wird deutlich, dass manches Verhalten, das wir kopieren, uns nicht guttut. Christa sehnt sich nach Nähe, nach einem gemeinsamen Abend mit ihrem Mann – doch sie überhäuft ihn mit Vorwürfen, kaum dass er zur Tür hereinkommt, und erreicht damit genau das Gegenteil. Gernot wünscht sich ebenso sehr die Nähe zu seiner Frau – doch er flüchtet und vergrößert damit die Distanz, weil er es nicht anders gelernt hat. Warum, so fragt man sich, tun wir das?

Um zu begreifen, warum wir offensichtlich inadäquates Verhalten von den Eltern kopieren, muss man ein wenig verstehen, was in kleinen Kindern vorgeht. Stellen Sie sich vor, Sie sind sechs Jahre alt. Ihre Eltern streiten viel. Sie sitzen in Ihrem Zimmer und hören es draußen poltern – oder zumindest die Stimme der Mutter ist es, die poltert. Den Vater hören Sie eher brummen, nur ab und zu begehrt er auf. Dann fällt die Wohnungstür ins Schloss, der Vater ist wieder einmal zu seinem Stammtisch geflüchtet. Als Sechsjährige begreifen Sie nicht, worüber die Eltern streiten. Sie spüren aber die Bedrohung, die von Ihrer Mutter ausgeht, wenn sie so schreit. Sie bedauern, dass Ihr Vater schon wieder weg ist, denn Sie vermissen ihn sehr, weil er so selten bei der Familie ist. Sie haben große Sehnsucht nach seiner Anerkennung, doch sehr viel scheint er sich nicht für Sie zu interessieren. Und so sind Sie böse auf die Mutter, weil sie ihn schon wieder aus dem Haus vertrieben hat.

Weil die Mutter so stark wirkt, ergreifen Sie als Sechsjährige intuitiv die Partei des Schwächeren. Eine der Möglichkeiten für ein kleines Kind, dem Vater zu zeigen, wie sehr es ihn vermisst, ist, sein Verhalten zu imitieren. Sie gewöhnen sich also an, wie er immer dann zu flüchten, wenn es unangenehm wird. Die kleine Sechsjährige will damit sagen: »Papa, schau doch, ich bin genauso wie du, ich halte zu dir. Zeig mir, dass auch du zu mir stehst.«

Dieses Verhalten wenden Sie zukünftig für alle unangenehmen Situationen an: Wenn Sie in der Schule kritisiert werden, würden Sie sich am liebsten ins nächste Mauseloch verkriechen. Später, an Ihrem ersten Arbeitsplatz, beobachten Sie, wie andere lautstark ihr Recht einfordern – das wäre für Sie undenkbar, Sie nehmen ein Unrecht lieber in Kauf und ärgern sich im stillen Kämmerchen oder ziehen die Konsequenzen und kündigen, ohne den wahren Grund zu nennen.

Natürlich hat das auch Auswirkungen auf Ihre Beziehungen: Sie können zwar – anders als Ihr Vater – streiten und poltern, wenn es um Kleinigkeiten geht. Doch in letzter Konsequenz flüchten Sie, wenn Sie es nicht mehr aushalten. Ihre Partner stoßen Sie damit regelrecht vor den Kopf, weil die oft nicht wissen, was der Grund ist.

Aus der Sechsjährigen, voll der Sehnsucht nach der Liebe und Anerkennung von ihrem Vater, wurde eine Erwachsene, die wie der Vater flüchtet, wenn Konflikte im Raum stehen. Es gibt also einen Zusammenhang zwischen dem Verhalten, das man von einem Elternteil kopiert, und einer Sehnsucht, einer Botschaft des kleinen Kindes an diesen Elternteil. Denn die Botschaft ist die Motivation, warum man dieses Verhalten annimmt.

Wenn wir nun als Erwachsene dieses kopierte Verhalten identifizieren, ist es wichtig zu erkennen, aus welchen Gründen wir es uns damals, als Kind, angewöhnt haben. Im Laufe der vielen Paarbegleitungen haben wir die Entdeckung gemacht, dass die Ursachen einer der folgenden drei Kategorien zuordenbar sind:

- ☞ Aus *Loyalität*: Wir verhalten uns zum Beispiel wie die Mutter, weil wir ihr unsere Liebe zeigen wollen in der Hoffnung, dass sie sich zum Beispiel nicht so allein fühlt.
- ☞ Aus *Sehnsucht*: Wir kopieren das Verhalten des Vaters, um zu demonstrieren: Ich bin wie du. Wir hoffen, dadurch seine Liebe zu bekommen, nach der wir uns sehnen.
- ☞ Aus *Selbstschutz*: Wenn wir zum Beispiel als Kind geschlagen wurden, schlagen wir später selbst, um nicht mehr angegriffen zu werden.

Wenn wir wissen, was uns einst veranlasst hat, einen Elternteil zu kopieren, können wir das eigentliche Thema erkennen, das dahintersteckt, und können es auflösen. Auch wenn die Eltern gar nicht mehr leben, ist dies möglich. Und auch dann, wenn man einen Elternteil gar nie kennengelernt hat, weil zum Beispiel der Vater die Familie ganz früh verlassen hat. Es kann sogar passieren, dass man den fehlenden Elternteil kopiert, auch wenn man ihn gar nicht wirklich kennt: Man bekennt sich ähnlich wie der Vater nicht zu seinen Kindern. Seinen Ursprung hat dieses Verhalten in der Hoffnung des kleinen Kindes in uns, dass der Vater vielleicht doch irgendwann wieder zurückkommt. Auch eine alleinerziehende Mutter vollzieht einen Beziehungstanz, der sich zum Beispiel im Streit um Besuchszeiten zeigt oder daran, dass sie sich täglich bei ihrem Kind beklagt, weil der Vater sie im Stich gelassen hat.

Die Botschaft des kleinen Kindes zu identifizieren, braucht zum einen eine liebevolle Unterstützung durch die Partnerin, den Partner. Meist ist auch eine professionelle Begleitung notwendig, denn der Machtkampf, den man mit seiner Partnerin führt, ist meist viel zu sehr im Vordergrund und man kommt den dahinterliegenden Gründen nicht näher. Wir streiten lieber wieder, als die Not unseres inneren Kindes zu spüren. Denn diese Botschaft ist mit starken Gefühlen wie Trauer, Zorn, Angst oder Scham gekoppelt. Möchte man allerdings den Konflikt in der Beziehung bereinigen, ist es notwendig, diesem inneren Kind zu begegnen und zu versuchen, den Schmerz auszudrücken.

Das Prinzip Loyalität – ich halte zu dir

Christa und Gernot sind ein gutes Beispiel dafür, dass Verhalten kopiert wird, um Loyalität und Liebe zu demonstrieren. Indem Christa das gleiche Verhalten wie ihre Mutter wählt, will sie ihr sagen: »Ich halte zu dir!«

Loyalitätsbekundungen laufen natürlich unbewusst ab. Sie können so weit führen, dass wir sogar auf etwas verzichten, das uns im Leben besonders wichtig ist. Wir haben in der Therapie schon Frauen und Männer erlebt, die auf ein Kind oder einen Ortswechsel verzichteten, die die geliebte Frau oder den geliebten Mann aufgaben und sich scheiden ließen – und das deshalb, weil die Mutter bzw. der Vater das nicht erleben durfte und man ihr oder ihm zeigen will: »Mir geht es genauso, du bist nicht allein.« Nun ist es so, dass wir nur einen bescheidenen Teil unseres Umfeldes tatsächlich bewusst wahrnehmen. So nehmen wir oft auch nicht wahr, wenn wir in unserer tiefen Loyalität einem Elternteil gegenüber auf uns selbst und auf unsere Liebesbeziehung verzichten.

Mit dem Bewusstwerden der Zusammenhänge aus der Kindheit kommen Steine ins Rollen. Andrea zum Beispiel kam mit ihrem Partner zu uns, weil sie sich nicht entscheiden konnten, ob sie heiraten und Kinder bekommen sollten. Andreas Vater hatte sich nicht zu ihr bekannt und so wurde sie alleine von ihrer Mutter großgezogen. Im Laufe der Therapie erkannte sie: »Meine Mutter hat es so schwer gehabt, sie war mit mir alleine. Es war ihr nicht vergönnt, eine komplette Familie zu haben – und jetzt soll ich einen lieben Mann haben und Kinder?«

Auch Ernst war drauf und dran, aus Loyalität zu seiner Mutter auf einen Herzenswunsch zu verzichten. Nach vier Jahren Beziehung mit Ingeborg kam er mit ihr in die Therapie, denn sie standen kurz vor der Trennung. Wir fragten nach, seit wann es ihnen denn schlecht ginge, und sie stellten fest: seit Ernst sein Medizinstudium abgebrochen hatte. Seitdem machte er Ingeborg immer wieder Vorwürfe, sie sei schuld daran, dass er nicht Arzt werden konnte. Sie habe darauf hingewiesen, dass er aus wirtschaftlichen Gründen arbeiten müsse. Beruf und Studium, das war für Ernst nicht möglich. Ernst hätte sich gewünscht, dass Ingeborg ihn unterstützt und ihm den Rücken stärkt. Ein Blick in seine Kindheit deckte einen Zusammenhang auf. Als Ernsts Mutter mit ihm schwanger war, hatte sie ihr Architekturstudium aufgegeben. Sie hatte sich von ihrem Mann nicht ausreichend unterstützt gefühlt, das Studium fortzusetzen. Oft hörte er, wie die Mutter dem Vater vorwarf, dass sie sich nur ihm und der Familie zuliebe geopfert hatte. Ernst wollte diese Parallele zunächst gar nicht glauben, zu groß wäre der Kummer gewesen, den er hier hätte spüren müssen. Er wollte seiner Mutter unbewusst einen Schmerz abnehmen und ihr signalisieren: »Ich verstehe dich, ich liebe dich. Es geht mir doch genauso.«

Das Prinzip Sehnsucht – ich warte noch immer

Es ist erstaunlich, wie hartnäckig Sehnsucht ist, wie lange wir zu warten bereit sind, bis sie erfüllt wird. Vor einiger Zeit kam ein über siebzigjähriges Paar zu uns in die Praxis, Otto und Magdalena. Sie waren seit fast 50 Jahren verheiratet, ihre Kinder waren bereits über 40 Jahre alt und sie hatten viel Freude mit ihren Enkelkindern. Trotzdem stellten sie sich die Frage, ob sie sich nicht trennen sollten. Wir fragten Otto, was er sich von seiner Frau am meisten wünschen würde – und da brach es aus ihm heraus: »Ich würde sie so gern glücklich machen. Ich habe den Eindruck, sie ist heute, nach 50 Jahren Ehe, weniger glücklich als damals, als wir uns kennenlernten.« Was sein Anteil daran war, dass sie nicht glücklich ist, fiel ihm lange nicht ein, doch dann war bald klar: Magdalena wünschte sich schon sehr lange, einmal an einen anderen Urlaubsort zu fahren. Jedes Jahr waren sie für vier Wochen immer an denselben Ort nach Oberösterreich gefahren. Als die Kinder noch klein waren, hatte er sie vertröstet: Größere Reisen würden sie machen, wenn die Kinder aus dem Haus wären. Doch nun waren die Kinder schon längst aus dem Haus und noch immer fuhren sie an denselben Ort.

Ottos Mutter hatte ebenfalls mit einem unerfüllten Wunsch gelebt. Als sie Ottos Vater geheiratet hatte, war sie zu ihm nach Salzburg gezogen, obwohl sie sehr gern in Wien gelebt hätte. Doch die wirtschaftliche Situation ließ das damals nicht zu. Ottos Vater hatte ihr versprochen, dorthin zu ziehen, sobald das finanziell möglich wäre. Ottos Mutter träumte zeitlebens von Wien – und beim Traum blieb es auch. Mit Fortschreiten ihres Alters musste Otto beobachten, wie sie immer mehr vertrocknete, einsam und unglücklich wurde.

Aus diesem Grund war es für Otto so schwer auszuhalten, dass seine Frau immer unglücklicher wurde, sodass er sogar darüber nachdachte, sich von ihr zu lösen. Doch nun fiel ihm auf, wie sehr er dem Verhalten seines Vaters entsprach, wenn er sein Versprechen nicht hielt. Jetzt, wo er die Parallele erkannte, fiel ihm ein, wie zornig er auf seinen Vater immer gewesen war, wenn er die Mutter immer wieder vertröstete. »Das gibt es ja nicht«, sagte er eines Tages in einer Therapiesitzung. »Ich bin genau so ein Idiot wie mein Vater! Wie komme ich bloß auf die Idee, mein Versprechen nicht einzuhalten?«

Wir fragten ihn, was es wohl gewesen war, das er seinem Vater mit seinem Verhalten implizit sagen wollte. »Vater, ich bin so wie du. Bitte nimm mich in die Arme und sag, dass du auf mich ebenso stolz bist wie auf meine Schwestern«, war die Erkenntnis. Ottos Vater war Mediziner und erwartete von seinen Kindern, in seine Fußstapfen zu treten. Seine Schwestern beugten sich diesem Wunsch. Nur Otto entschied schon als Jugendlicher, Künstler zu werden. Bei der Berufswahl hatte er sich nicht angepasst, sondern war seinem Herzen gefolgt. Doch unbewusst passte er sich dann doch an seinen Vater an, indem er sein Beziehungsleben ein Stück weit genauso gestaltete wie er. Der kleine Otto in ihm wartete eben immer noch auf die Anerkennung des Vaters.

Otto brauchte Wochen, um sich von dieser Entdeckung zu erholen. Er konnte und wollte sich nicht vorstellen, dass er seinem Vater so ähnlich war – wo er doch ganz anders sein wollte! Als er es dann endlich akzeptieren konnte, sagte er: »Magdalena, heuer im Sommer machen wir eine Reise, und du darfst dir aussuchen, wohin es gehen soll.«

Es ist wirklich schade, wie oft wir Menschen uns selbst ein Bein stellen, indem wir es unserem Partner, unserer Partnerin besonders schwer machen, uns das zu geben, was wir uns am meisten wünschen. Wir boykottieren uns selbst und zeigen ein recht seltsames Verhalten. Mit Hilfe des Theaterblicks erkennen wir, dass dieser Boykott eine verquere Hinwendung zu einer Bezugsperson aus der Kindheit ist:

- ☞ »Mama, bitte sag mir, dass ich das gut gemacht habe und dass du stolz bist auf mich!«
- ☞ »Papa, bitte sag mir, dass du eine Freude hast, eine Tochter zu haben, und dass du dich freust, dass ich da bin!«
- ☞ »Lieber großer Bruder, bitte nimm mich in die Arme und sieh mich als deinen kleinen Bruder. Ich weiß, die Eltern bevorzugen mich manchmal, aber bitte sieh, dass das unsere Eltern machen. Ich habe dich immer als meinen großen Bruder akzeptiert. Bitte sag mir, dass ich dein Bruder bin und nicht dein Konkurrent!«
- ☞ »Lieber Opa, ich weiß, du hast dir immer ein Mädchen gewünscht, dann hast du zusammen mit Oma einen Buben bekommen. Bitte sag endlich meinem Papa, deinem Sohn, dass du dankbar und froh bist, dass du so einen Sohn hast wie meinen Papa!«
- ☞ »Liebe Oma, ich weiß, du hast so lange den Bauernhof geführt, aber jetzt ist mein Papa dran. Ich bitte dich, respektiere das. Übertrage alle Rechte und Pflichten und sag ihm, dass du ihm vertraust und stolz bist, dass er das gut macht!«
- ☞ »Mama, ich weiß, dass der Papa dich damals so verletzt hat, aber bitte nimm ihn doch einmal in die Arme. Ich möchte so gerne sehen, dass du ihn lieb hast.«
- ☞ »Papa, ich weiß heute, dass die Mama dich oft sehr lange hat warten lassen und dass das für dich schwer war. Trotzdem würde ich mir so wünschen, dass ich einmal miterleben darf, dass du zur Mama sagst, dass du sie liebst.«
- ☞ »Liebe große Schwester, ich weiß, es schaut manchmal so aus, als hätte ich es sehr leicht. Trotzdem brauche ich

so sehr deine Wertschätzung für mich als deinen kleinen Bruder.«

- »Mama, Papa, ich bin euer ältestes Kind und passe gerne manchmal auf meine Geschwister auf. Umso mehr brauche ich, dass ihr mir sagt, dass ihr euch über mich freut und nicht nur über meine Leistung, dass ich so brav aufpasse. Bitte fragt mich doch einmal, wie es mir geht.«

Warten kann eines der schwierigsten Themen für uns im Leben sein. Wenn wir dann nicht einmal bemerken, dass wir uns etwas wünschen, was wir von unseren Eltern gebraucht hätten, dann kann schon mal das Leben an uns vorbeilaufen. Beziehungen werden getrennt, anstatt dem ursprünglichen Thema auf den Grund zu gehen.

Andererseits müssen wir, wenn das Ersehnte endlich eintritt, auch damit rechnen, Schmerz zu verspüren. Das klingt absurd, doch es ist so, wie ein Mann einmal sagte, der nach dem Zweiten Weltkrieg aus der Kriegsgefangenschaft heimkehrte: »Den Schmerz und die Trauer darüber, wie lange ich habe hungern müssen, habe ich erst gespürt, als ich zum ersten Mal wieder satt wurde.« Auch das ist ein Grund, weshalb manche zögern, diesen alten Spuren zu folgen: weil sie Angst vor diesem Schmerz haben. Doch es führt kein Weg daran vorbei, wenn man die eigene Liebesbeziehung so leben will, wie man es sich wünscht.

Das Prinzip Selbstschutz – bitte tu mir nicht weh

Ein Verhalten, das sich eher verdeckt hält, ist das Kopieren aus Selbstschutz. Der Grund liegt darin, dass die Betroffenen zunächst gar nicht in der Lage sind zu sagen, dass sie zum Beispiel auf Anerkennung warten. Wenn ein Kind geschlagen oder missbraucht wurde, fehlt dem inneren Kind oft sozusagen der Zugang zu dem Wunsch, vom Elternteil geliebt zu werden. Denn von Liebe ist doch in so einem Fall keine Spur!

Trotzdem kopieren wir als Erwachsene gerade jene Menschen, vor denen wir uns gefürchtet haben, weil sie uns schlugen, missbrauchten, misshandelten oder im Übermaß beschimpften oder bedrohten. Doch wir imitieren das zerstörerische Verhalten nicht exakt, sondern nur in Form einer Facette oder Variante. Die Botschaft bleibt jedoch die gleiche: »Mutter, schau doch, ich bin genauso vorwurfsvoll und zynisch wie du. Bitte mach mich nicht schlecht.« Oder: »Vater schau nur, ich bin genauso wortkarg wie du und rede nicht mit meinem Partner. Bitte greif mich nie wieder so an, ich bin ein kleines Mädchen und keine Frau.« Erst wenn dieser Selbstschutz identifiziert und geheilt wird, kann man die darunterliegende Sehnsucht nach Anerkennung oder Liebe erkennen. Bis dahin sind der Schmerz und vor allem die Angst viel zu groß.

Max rief uns verzweifelt an, weil er das Ende seiner Beziehung zu Roberta befürchtete. Er habe entdeckt, dass sie schon wieder einen Freund hat, obwohl sie ihm schon mehrmals versichert hatte, mit Außenbeziehungen sei es vorbei. Max ist selbstbewusst und dominant, und er kann wie ein Hagelsturm über Roberta hinwegfegen, wenn ihm etwas nicht gefällt. Er kam in die Therapiesitzungen mit der Erwartung, dass wir Roberta mit ihren Außenbeziehungen konfrontieren.

Roberta ist eher der introvertierte Typ, sie ist nachdenklich und beobachtet viel. Wenn sie etwas verletzt, spricht sie das oft nicht aus, sondern zieht sich lieber zurück wie eine Schildkröte in ihren schützenden Panzer. Daher warfen wir zunächst einen kritischen Blick auf die Dynamik zwischen den beiden. Wir fragten Roberta, was sie sich denn von Max wünsche. »Ich wünsche mir, dass du beim Heimkommen die Kinder wahrnimmst und sie liebevoll begrüßt, anstatt ihnen sofort Vorhaltungen zu machen, weil Schultasche und Schuhe im Vorzimmer nicht weggeräumt sind. Wenn du sie so hart und ungerecht behandelst, ist es, als würdest du auch mich so behandeln. Ich fürchte mich dann genauso wie die Kinder vor dir. Bitte sei nett, wenn du nach Hause kommst.«

Max konnte kaum zuhören. Wie ein Hagelsturm polterte er: »Wie soll ich freundlich sein, wenn ich über Schuhe und Taschen stolpere, kaum dass ich den Fuß über die Schwelle gesetzt habe? Ich arbeite den ganzen Tag, ich muss mir doch Respekt verschaffen! Und welche Veranlassung habe ich, nett zu sein, wenn Roberta schon wieder einen Lover hat?« Wir ersuchten Max, das Thema Seitensprung vorerst zur Seite zu stellen. Mürrisch willigte er ein. Wie im Beispiel von Christa und Gernot weiter oben baten wir dann Roberta zu überlegen, welchen Anteil zu ihrer ehelichen Situation sie beitrug. Sie solle sich diese Szenen auf einer Bühne vorstellen und in einer Loge mit guter Sicht auf das Geschehen Platz nehmen. Was genau machte Roberta, sodass es Max so schwerfiel, ihre Bitte zu erfüllen?

Nach einer Weile begann Roberta zu erzählen. »Nun, ich bin in der Beziehung schon lange unglücklich. Ich dachte, ich warte jetzt einmal, bis die Kinder groß sind, und dann schauen wir weiter.« Schade um die Lebenszeit – und schade um die Beziehung! Die Sexualität zwischen den beiden war auch schon lange nicht mehr das, was sie sich wünschten, aber »es gibt ja noch andere Männer auf dieser Welt«, wie Roberta sagte. Im Büro gebe es viele Kollegen, die sie interessant finden würde, nun habe sie schon die dritte Affäre mit einem Kollegen. Auf die Art, das erkannte sie nun, würde sie Max vermitteln, als Mann nicht zu genügen, nicht willkommen zu sein.

Wir fragten, woher sie dieses Verhalten kenne – und augenblicklich war Roberta schockiert. »Das Verhalten kenne ich von meinem Vater. Und ich habe meinen Vater immer dafür gehasst, dass er meiner Mutter das Gefühl gab, sie wäre als Frau nicht gut genug.« Wir erkundigten uns, wie weit Robertas Vater damit gegangen war. Roberta begann zu weinen – und Max weinte nun mit, denn er kannte die Geschichte.

Robertas Eltern hatten schon relativ früh einen Machtkampf, den sie über das Thema Sexualität austrugen. Dem Vater war Sexualität besonders wichtig, doch nach der ersten Verliebtheit hatte Robertas Mutter ihm oft das Gefühl gegeben, er wäre als Mann unattraktiv. Sie wolle mit ihm sexuell nichts zu tun haben, signalisierte sie ihm. Schon bald darauf begann er, mit anderen Frauen zu flirten, nach vier Jahren Ehe hatte er die erste von zahlreichen Affären. Robertas Mutter erfuhr davon, und so gab es immer wieder viel Streit zu Hause.

Roberta war vierzehn, als sich eines Abends ihr Vater zu ihr ans Bett setzte. Er sei so unglücklich, sagte er, aber sie, Roberta, würde ihn verstehen. Er begann, sie im Gesicht, auf den Schultern und dann auch auf der Brust zu streicheln. »Du wirst ja schon eine richtige Frau«, sagte er. »Weißt du eigentlich, was ein richtiger Mann ist?« Er öffnete seine Hose und sagte, sie solle doch einmal seinen Penis angreifen, damit sie wisse, was ein richtiger Mann sei.

Wir wollen diese Geschichte an dieser Stelle nicht fortsetzen, aus Respekt vor allen sexuell missbrauchten Menschen. Sie können sich bestimmt auch so vorstellen, wie sich Roberta gefühlt haben muss. Dieser Missbrauch passierte drei oder vier Mal. Roberta stürzte in ein emotionales Chaos: Sie wusste, dass es nicht richtig war, was hier passierte, und fühlte sich schlecht. Andererseits spürte sie auch die Not ihres Vaters, und dass auch sie ihn nicht glücklich machen konnte. In ihrem tiefsten Inneren beschloss sie, in Zukunft alles daranzusetzen, damit ihr so etwas nicht mehr passierte.

Roberta selbst war es, die den Bezug zu ihrer aktuellen Situation herstellen konnte. »Wie konnte das passieren, dass ich meinem Vater ähnlich wurde, indem ich ebenso Affären habe wie er? Ich wollte doch niemals so werden wie er! Mir hat doch so gegraust schon bei der Vorstellung, was er mit anderen Frauen anstellt. Und natürlich erst recht, was er mit mir gemacht hat.« Sie wurde ihrem Vater ähnlich, weil sie ihm damit sagen wollte, dass er sie nie wieder sexuell angreifen solle. Und nun verstand sie auch, warum sie sich nicht anders gegen Max' polterndes, dominantes Verhalten zu wehren wusste, als mit anderen Männern zu flirten. »Es ist genug«, sagte sie. »Ich will es anders machen, dich direkt konfrontieren und dir Paroli bieten. Ich will deine Ehefrau sein und die Nähe zu dir wiederfinden.« Denn das war es schließlich auch, was sie sich von ihrem Vater gewünscht hätte: dass er sich nicht einfach damit abfindet, dass sich seine Frau sexuell entzog, sondern mit ihr gemeinsam herausfindet, wie sie wieder zueinanderkommen.

Die Hintergründe des Selbstschutzes sind meist sehr gut verborgen, doch gerade sie sind besonders wichtig, entdeckt zu werden. Denn wurde man von einem Erwachsenen in der Kindheit missbraucht, vergewaltigt, geschlagen, gedemütigt oder misshandelt, steht diese Verletzung im Vordergrund. Erst wenn man tiefer gräbt, findet man die darunterliegenden Sehnsüchte. Hier sind ein paar Beispiele:

- ☞ »Mutti, ich habe so wie du beschlossen, dass auf Männer kein Verlass ist, damit du mich endlich siehst und damit du auch siehst, dass die Oma mich misshandelt. Beschütze mich.«
- ☞ »Papa, so wie du es mit Mama gemacht hast, bestrafe auch ich meinen Partner, indem ich nicht mit ihm rede. Ich will dir damit zeigen: Ich bin wie du, bitte hör auf, mich so lüstern anzuschauen.«
- ☞ »Mutti, ich bin zu meiner Frau und zu anderen genauso abwertend wie du zu Vati und schaue auch so böse. Ich

tue das, weil ich Angst vor dir und deinem Zorn und deiner Ablehnung habe. Du hast immer alle Männer abgewertet, und bevor du mich abwertest, will ich so sein wie du, damit du aufhörst, mich zu schlagen und zu beschimpfen.«

☞ »Schau, Vati, ich flüchte mich auch in Affären mit anderen Frauen, so wie du das gemacht hast. Ich tue das, damit du sehen kannst, dass ich genauso bin wie du, damit du mich endlich beschützt vor diesem schrecklichen Lehrer, der mir jedes Mal eine Ohrfeige gibt, wenn ich etwas nicht kann.«

☞ »Papa, schau doch: Ich gehe sogar auf den Fussballplatz wie du und bin auch so ordinär wie du. Ich spreche sogar die ordinäre Sprache wie du. Kannst du nicht sehen, wie sehr ich bin wie du? Bitte hör auf zu sagen, dass ich die bessere Frau bin als die Mama.«

Sich befreien

Auch wenn es in manchen Fällen schmerzt: Wenn Sie die Last nicht länger tragen wollen, müssen Sie sich von der alten Geschichte befreien, sie abschließen. Sie zu verdrängen, in die unterste Schublade zu stecken, ist keine Lösung. Die Geschichte ist Teil Ihrer Vergangenheit und kann nicht einfach ignoriert werden. Doch sie braucht einen anderen Platz in Ihrem Leben, einen nicht so stark bestimmenden. Das Thema will abgeschlossen werden, und zwar dort, wo es herrührt: bei Ihren Eltern und nicht in der aktuellen Liebesbeziehung. Die aktuelle Beziehung hat es sozusagen nur zutage gefördert. Was mit den Eltern offen ist, sollte auch mit den Eltern geklärt werden. Sehr oft löst sich dadurch automatisch das Problem auf der Beziehungsebene.

Gefühle ordnen

Wenn wir mit Hilfe des Theaterblicks erkannt haben, wie wir uns selbst boykottieren, wessen Verhalten wir nachahmen und welche Sehnsucht dahintersteckt, dann sind wir quasi ganz unten im Abgrund unseres Lebens angekommen. Dort finden wir unsere Ängste, den Schmerz, die Trauer, Wut oder Scham. So wenig erfreulich das klingt, so sehr ist es doch auch eine Befreiung. Denn wir haben viele Jahre lang versucht, diese tiefsten Schichten der Gefühle zu vermeiden, haben aber stattdessen den Partner bekämpft.

Für unsere Partnerin, unseren Partner ist es oft sehr berührend mitzuerleben, wie wir diese Gefühle ordnen. Denn einerseits erkennen sie, wie sehr diese Nebenwirkungen unseres Erbes unsere Energie gebunden haben. Andererseits spüren sie, dass sie nun in der Beziehung einen neuen Platz bekommen, den sie sich womöglich selbst schon so lange herbeigesehnt haben. Christa und Gernot sind ihren Geschichten auf den Grund gegangen – Christa, indem sie ihre Beziehung zur Mutter beleuchtete und zurechtrückte, und schließlich Gernot, indem er seine Gefühle gegenüber seinem Vater benennen konnte.

Um in diesem Abgrund auch wirklich ganz unten anzukommen, geht es um die Frage an das kleine Kind in uns, was denn der eigentliche, existenzielle »Schrei« in Richtung Mutter oder Vater ist. Denn wenn wir ein Verhalten kopieren, dann ist es in Bezug auf unsere Kindheit zu sehen. Mitgefühl für unser inneres Kind ist dabei sehr wichtig. Gerade in solchen Momenten sind unsere Partner besonders berührt, weil sie im tiefsten Inneren dieses kleine Kind sehr gut verstehen können. Das hilft ihnen gleichzeitig zu vergeben, weil sie nun verstehen können, dass unser Boykottverhalten nichts anderes als die Hinwendung des kleinen Kindes zu einem Elternteil darstellt.

Deklaration – ich befreie mich

Zur Partnerin, zum Partner eine gute Verbindung zu suchen und einen konstruktiven Weg der Kommunikation zu finden, ist ein wichtiger Punkt. Genauso wichtig ist der Blick auf sich selbst: Wie kann ich mich selbst befreien, sodass ich handeln und gestalten kann? Solange man sich vom Partner abhängig fühlt, steckt man fest. Das passiert zum Beispiel, wenn man dem andern die Schuld an der Misere gibt oder möchte, dass er sein Verhalten ändert, weil doch dieses Verhalten mich unglücklich macht. Auf die Art macht man sich jedoch zum Opfer, man wird ohnmächtig und ist nur noch Spielball der Geschehnisse.

Deshalb fragen wir in der Therapie immer nach dem eigenen Anteil – Sie haben das in den vergangen Beispielen bereits beobachten können. Es ist der Schlüssel zur Handlungsfähigkeit, sich zu fragen: 1. Wie verhindere ich, das zu bekommen, was ich mir wünsche? 2. Woher kenne ich dieses Verhalten aus meiner Kindheit? 3. Was will ich damit ausdrücken, dass ich Mutter bzw. Vater imitiere? Erst dann lassen sich konkrete Schritte setzen.

Anstatt zu sagen »du musst dich verändern, erst dann bin ich glücklich«, ist es doch vielversprechender, selbst etwas Neues zu probieren und das eigene Verhalten zu ändern. Wenn Sie Verantwortung für Ihren Anteil an der Sache übernehmen, zeigen Sie Reife.

Wir nennen diesen Schritt »Deklaration« und meinen damit, einen Schritt aus unserem bisherigen Verhaltensmuster herauszutreten und etwas Neues auszuprobieren. Sich zu deklarieren heißt, sich verändern zu wollen. Dabei spielt Angst bei den meisten Menschen eine Rolle, und das ist auch ganz normal. Es ist für niemanden angenehm, bekanntes Terrain zu verlassen und fremde Gefilde zu beschreiten. Wenn Sie Scheu davor haben, ist das ein Zeichen dafür, dass Sie auf dem richtigen Weg sind! Das Tolle ist, dass wir daran nicht nur seelisch, sondern sogar körperlich wachsen. Es richtet uns buchstäblich auf.

Christa aus unserem ersten Beispiel in diesem Kapitel hatte ganz schnell eine Deklaration gefunden: »Lieber Gernot, ich werde dir in den nächsten zwei Wochen täglich per SMS schreiben, wie sehr ich dich liebe und wie sehr ich mich freue, wenn du nach Hause kommst. Ich werde am Abend zur Wohnungstür kommen, dich umarmen und dir sagen, dass ich froh bin, dass du mein Mann bist.« Als Gernot das hörte, freute er sich und gleichzeitig musste er schluchzen. Als Schlüsselkind hatte er so viel warten müssen – und nun kam dieser dicke Zuckerguss in sein Leben. »Ist das nicht zu viel?«, fragte er sogar. Wir mussten ihn ein wenig unterstützen, damit er Christas Deklaration annehmen konnte.

Christa hat ihre Deklaration genau richtig formuliert. Damit sie umsetzbar ist, braucht sie

☞ eine positive Formulierung. Also nicht, was man nicht tun wird, sollte der Inhalt sein, sondern das, was man zu tun gedenkt. Christa sagte zum Beispiel nicht: »Ich werde dir keine Vorwürfe mehr machen.« Sie sagte, was sie stattdessen Positives tun wolle.
☞ einen Anfang und ein Ende: also zum Beispiel »in den nächsten zwei Wochen«. Es ist besser, vorerst einen eher kurzen Zeitraum zu deklarieren, dann kann man den Erfolg auch gut sehen. »Für immer und ewig« wäre vielleicht schön, aber es passiert dann häufig, dass die Umsetzung nicht gelingt.
☞ eine spezifische Beschreibung: je konkreter, desto nachvollziehbarer.
☞ eine Wertschätzung: Manche mögen dazu neigen zu sagen: »Na, wir werden ja sehen, ob du das schaffst.« Das wäre entmutigend. Eine Wertschätzung gibt der Deklaration zusätzliche Kraft, sodass sie besser gelingt: »Ich danke dir und freue mich schon darauf!«

Immer wieder kommt es vor, dass jemand nicht weiß, was er deklarieren soll. Oder sie deklarieren etwas, das die Beziehung mehr herunterzieht als unterstützt. Meist hilft dann, nicht nur bei sich selbst zu suchen und das hinderliche Verhalten zu verändern. Auch ein Blick auf das Verhalten der Eltern kann Aufschluss geben. Mit dem Blick einer erwachsenen Tochter oder eines erwachsenen Sohns kann man verstehen, dass die Eltern ihr Bestes gegeben haben. Wir können auch erkennen, was ein Elternteil zu wenig getan hat. Was hat die Mutter oder der Vater damals nicht getan, was aber wichtig gewesen wäre?

Otto aus unserem Beispiel von vorhin hat es geholfen, in der Loge Platz zu nehmen und auf der Bühne die Beziehung seiner Eltern zu betrachten. So konnte er erkennen, was gefehlt hat. »Mein Vater hätte sein Versprechen wahr machen müssen. Er hätte auf den sehnlichen Wunsch meiner Mutter Rücksicht nehmen müssen, auf den sie schon so lange gewartet hat.« So konnte er die Brücke bauen zu dem, was er selbst zu deklarieren hatte: mit seiner Magdalena auf Reisen zu gehen.

Wachsen und differenzieren

Weiterentwicklung ist dann möglich, wenn man das Leben selbst in die Hand nimmt, wenn man sich selbst und auch den anderen zugesteht, eigenständig zu sein und nicht abhängig von der Gunst und Liebe anderer. Nur so erlangt unsere Persönlichkeit klare Konturen. Wenn Sie zwei Wattebäusche dicht aneinanderlegen, können Sie dazwischen keine klare Grenze ziehen. Genauso ist es, wenn Sie sich zu differenzieren und zu befreien vergessen. Gelingt es Ihnen, sich aus Ihren Überlebensmustern zu befreien, dann können Sie auch in Freiheit und Offenheit Ihrer Partnerin, Ihrem Partner begegnen und müssen nicht deren Verhalten gleich auf sich beziehen. »Du bist so seltsam, daher liebst du mich nicht« ist die Interpretation einer unfreien Person. »Aha, du bist in diesen Situationen anders, als ich erwarte, du hast also eine andere Sprache, die ich erst kennenlernen muss« ist die Aussage einer Person, die nicht alles gleich persönlich nimmt. Das soll nun nicht heißen, dass man jedes Verhalten akzeptieren muss, doch wer sich von alten Überlebensmustern befreit hat, kann die Welt um sich herum viel differenzierter betrachten.

Das eröffnet viel mehr Optionen. So kann wirklich erfüllende Intimität dort stattfinden, wo sich zwei befreite, klar abgegrenzte Menschen begegnen. Wir finden dann nicht die Sexualität, die wir uns erdenken, projizieren oder phantasieren, sondern die, nach der wir uns so sehr sehnen, von der wir aber nie geglaubt haben, dass sie überhaupt möglich ist.

Wir möchten Sie zu einem Experiment einladen, um einem Ihrer Überlebensmuster auf die Spur zu kommen. Ersuchen Sie Ihren Partner, Ihre Freundin oder eine andere Vertrauensperson, Ihnen die Fragen zu stellen, die wir hier vorschlagen. Es ist besser, die Fragen von jemandem gestellt zu bekommen, weil Sie sich dann gut entspannen und sich nur auf Ihre Gefühle und Antworten konzentrieren können. Suchen Sie sich einen gemütlichen Platz, stellen Sie beide Füße fest auf den Boden. Ihre Partnerin oder Ihr Freund soll sich gegenübersetzen. Schließen Sie die Augen, ziehen Sie ein oder zwei Mal die Schultern hoch und lassen sie fallen, damit sich die Muskeln lockern. Erlauben Sie sich, dass Ihre innere Weisheit wie eine große Kuppel über Ihnen zur Verfügung steht, um sie zu befragen. Dann sind Sie bereit.

Noch zwei Anmerkungen: Sie beantworten die Fragen nicht laut, sondern lassen sich durch die Worte auf eine Gedankenreise ein. Wenn Ihre Eltern bereits sehr früh gestorben sind, können Sie dieses Experiment trotzdem machen. Stellen Sie sich vor, wie sie gewesen wären. Für die Fragenstellerin: Lesen Sie diesen Text vor und machen Sie dazwischen ausreichend Pausen, damit Ihr Gegenüber diese Gedankenreise gut machen kann.

- ☞ Stell dir deine Eltern vor, wie sie waren, als du Kind warst. Vielleicht magst du dir sogar deine Eltern aus jener Zeit vorstellen, bevor du geboren wurdest, aus der Zeit, als sie sich kennenlernten und sich verliebten. Was, glaubst du, hat sie ganz tief zueinandergeführt?
- ☞ Nun überlege dir: Was war der Machtkampf deiner Eltern? Welchen Beziehungstanz haben sie geführt? Was war die Not deiner Mutter, deines Vaters?
- ☞ Was war der größte Vorwurf deiner Mutter an deinen Vater? Das kann auch ein nonverbaler Vorwurf sein, der sich durch Blicke, Gesten, Berührungen oder auch indirekte Anspielungen äußerte. Lass dir Zeit, um das zu erspüren.
- ☞ Und nun umgekehrt: Was war der größte Vorwurf deines Vaters an deine Mutter?
- ☞ Nun öffne bitte langsam deine Augen. Nimm dir ein Blatt Papier und schreib auf, was sich deine Eltern gegenseitig vorgeworfen haben. Sollte dir auf dieser Phantasiereise nichts eingefallen sein, dann fällt dir vielleicht jetzt beim Schreiben etwas ein. Schreibe auf, welche Erkenntnisse – neue oder schon bekannte – du über die Liebesbeziehung deiner Eltern gewonnen hast.

Anmerkung für die Fragenstellerin: Wenn Ihr Gegenüber alles aufgeschrieben hat, bitten Sie ihn/sie, die Augen wieder zu schließen und die Reise fortzusetzen.

☞ Denke nun bitte an deine aktuelle Beziehung oder, wenn es die gerade nicht gibt, an die letzte Beziehung, die für dich von Bedeutung war. Als ihr euch verliebt habt, was hat ihn/sie so attraktiv für dich gemacht, dass du dich verliebt hast?

☞ Nun stelle dir euren Machtkampf vor. Nimm in der Loge Platz, wo du einen guten Blick auf die Bühne hast, auf der das Stück »Du und dein Partner« gespielt wird. Du kannst richtig gut sehen, was du dir von deinem Partner wünschst, damit du glücklich bist. Was ist das, was du dir wünschst?

☞ Nun schau noch einmal auf die Bühne. Was machst du, damit es für deinen Partner schwer ist, dir deinen Wunsch zu erfüllen? Schau nicht darauf, was dein Partner nicht macht, sondern was du tust, um das zu verhindern. Vielleicht musst du die Szene, die du auf der Bühne siehst, ein Stück zurückspulen, so wie du einen Videorekorder zurückspulst. Vielleicht war dein Verhalten, das deinen Partner hindert zu tun, was du dir wünschst, zehn Minuten früher, vielleicht auch Tage, Monate oder Jahre. Erlaube dir zu sehen, wie du es deinem Partner schwer machst.

☞ Nun vergleiche: Hat dein Verhalten Ähnlichkeit mit dem Verhalten deiner Eltern? Ähneln deine Vorwürfe denen eines deiner Elternteile? Wo gibt es Parallelen, wem bist du ähnlich?

☞ Nun überprüfe: Was ist es, dass du deiner Mutter oder deinem Vater mit dem Kopieren des Verhaltens sagen möchtest? Erlaube dir, alle möglichen Variationen zu denken und zu fühlen, was dich veranlasst, in deinem heutigen Beziehungsleben Ähnliches zu tun wie deine Mutter oder dein Vater. Was ist die darunterliegende Botschaft, indem du dieses alte Verhalten wiederholst? Versuche das zu verinnerlichen.

☞ Bitte öffne nun die Augen und schreibe deine Erfahrungen nieder, vor allem das, was du über dich selbst, über deinen Partner und euren Beziehungstanz gelernt hast. Beschreibe auch, wo du in deinem Verhalten wem ähnlich bist und was du eigentlich damit zum Ausdruck bringen willst. Worum geht es, um Loyalität, Sehnsucht oder Selbstschutz? Wenn du möchtest, bin ich gerne anschließend bereit, mich mit dir darüber auszutauschen. (Falls Sie, liebe Fragenstellerin, nicht die Partnerin sind, ergänzen Sie:) Vielleicht möchtest du aber auch mit deiner Partnerin bzw. deinem Partner darüber sprechen.

Wenn Sie nun Ihre Gedanken zu diesem Experiment ein wenig auf sich wirken lassen, können Sie versuchen zu überlegen, wie Sie aus Ihrem Boykott herauskommen. Was wünschen Sie sich, das in Ihrer Beziehung passiert? Was wäre ein guter Schritt? Formulieren Sie positiv, messbar und spezifisch, wie weiter oben beschrieben!

Hinter den Kulissen

Sabine und Roland, 54 Jahre

Sabine: An diesem arbeitsreichen Tag hätten wir beide eigentlich erfüllt und dankbar sein und uns einen genussvollen Abend gönnen können. Wir waren beide müde und signalisierten nicht viel Interesse füreinander. Ich bin in meinem Verhalten eine typische Schildkröte. Als Roland mich bat, diese Texte zu überarbeiten, sagte ich daher nicht, was ich mir wünsche. Ich wollte eigentlich auf seine Bitte hin Nein sagen, stattdessen sagte ich gar nichts. In der Wohnung wurde ich sofort in die privaten Alltagsverpflichtungen hineingezogen – und dann schlug mein Unterbewusstsein zu und sorgte dafür, dass ich die Texte vergaß. Ich war in einem Modus, der genährt wurde von den hohen Leistungsansprüchen meiner Mutter, und wenn ich nur von Weitem schon rieche, dass man von mir Leistung verlangt, gehe ich auf Abwehr. Ich verhalte mich dann wie mein Vater, ziehe mich in meinen Panzer zurück und sage gar nichts.

Roland: Ich kenne das Thema Leistung auch sehr gut aus meiner Ursprungsfamilie. Anstatt dass ich am Abend nur das notwendige Protokoll schreibe und dann den Arbeitstag beende, bleibe ich im Arbeitsmodus. Meine Eltern haben immer viel gearbeitet und hatten sehr wenig Zeit für mich und meine Schwestern. Ich hatte oft das Gefühl, meine Eltern interessierten sich überhaupt nicht für mich. Erst als ich für den Familienbetrieb arbeitete, wurde ich wahrgenommen. Als Sabine vergaß, die Texte zu überarbeiten und mir ins Büro zu bringen, interpretierte ich ihr Vergessen sofort gegen mich: »Sie hat mich vergessen.« Dabei hat sie doch bloß die Texte vergessen, wie es schon einmal passieren kann, wenn man zu viel zu tun hat.

Sabine: Roland und ich setzten uns am nächsten Tag zusammen und machten das, was Sie weiter oben im Experiment kennengelernt haben, nur in Form eines Dialogs. Wir möchten Ihnen an dieser Stelle gerne einen Einblick in unsere wichtigsten Erkenntnisse gewähren. Links sind meine Aussagen, rechts die von Roland:

☞ Ich brauche so sehr von dir, dass du …

… zu mir sagst: Nimm dir deine Auszeit, die du brauchst. Du machst so viel und brauchst auch eine Pause.

… mich umarmst, mir in die Augen schaust und sagst, dass du gerne mit mir lebst und ich der Mann deines Lebens bin.

☞ Ich mache es dir manchmal schwer, indem ich …

… dir nicht sage, was ich brauche, sondern mich zurückziehe, schweige und dir nonverbale Vorwürfe mache, dass du mich so unter Druck setzt.

… von Haus aus davon ausgehe, dass du nicht gern mit mir zusammen bist, und ich dir mit meinem ganzen Sein signalisiere, dass ich grantig bin.

☞ Als Kind habe ich gesehen, …

… dass mein Vater sich zurückgezogen hat, wenn meine Mutter mit ihm reden wollte. Er hat geschwiegen und ist dann verschwunden und hat

… dass meine Mutter oft vom vielen Arbeiten ganz fertig war. Sie hat meinem Vater immer wieder Vorwürfe gemacht.

dann im Geheimen Dinge gemacht, die ihm Spaß gemacht haben. Meine Mutter war dann allein.

☞ Mit meinem Verhalten will ich meinem Vater / meiner Mutter sagen: …

… Vati, ich bin manchmal so wie du. Ich will damit sagen, bitte verteidige mich gegenüber der Mutti. Sag ihr, dass sie mich so überfordert und zu streng zu mir ist.

… Mutti, ich bin so wie du, bitte sieh mich!! Ich bin so oft alleine und hoffe immer noch, dass du mich in die Arme nimmst und es bedauerst, dass du so wenig Zeit für mich hast.

☞ Meine Deklaration: Ich werde in den nächsten zwei Wochen …

… wenn wir Termine haben, mir Erinnerungen im Handy einspeichern, damit ich pünktlich bin. Nach der Arbeit sage ich, dass wir jetzt toll gearbeitet haben und wir uns jetzt eine Pause und eine Belohnung verdient haben.

… vier Mal pro Woche am Morgen zu dir sagen: Ich freue mich, dass ich am Leben bin und mit dir zusammen bin. Es ist schön, dass wir gemeinsam so viel erleben, und ich bin dankbar für unsere wunderbaren drei Kinder.

☞ Wachstumsschritt: Und wenn ich das mache, ...

... werde ich lernen, selbst Verantwortung für meine Pausen zu übernehmen, und mich auch freuen, dass ich meine Termine einhalten kann, ein verlässlicher Mensch bin und Spaß an mir haben kann.

... dann lege ich meine Aufmerksamkeit auf das Schöne im Leben und darauf, dass das Leben für mich noch viel Schönes vorgesehen hat.

☞ Damit leite ich eine neue Familientradition ein, nämlich ...

... das Glück selbst in die Hand zu nehmen und auszusprechen, was ich mir wünsche, was ich verdiene und was mir wichtig ist.

... zu meinem Glück zu stehen und es auch zu zeigen, sowohl in meiner Körperhaltung als auch in meiner Mimik.

Ich mache es ganz bestimmt anders

Beipackzettel

Gebrauchsinformation: Dieses Kapitel ist ein hochwirksames Schmerzmittel gegen Kopfweh, das entsteht, wenn Sie als Rebell bzw. Rebellin ständig ergebnislos gegen die Wand rennen. Es klärt den Verstand, um die Energie fixierter Rebellion für persönliches Wachstum zu nutzen.

Nebenwirkungen: Stellen Sie sich darauf ein, dass das Leben Sie mit allen Facetten und aller Farbenpracht blendet und halten Sie eventuell eine Sonnenbrille bereit.

Der Nikolaus ist ein guter Mann

Sabine und Roland, 25 Jahre, bei einer Nikolausfeier bei Freunden

Sonja, die Gastgeberin, hat ihre Wohnung weihnachtlich geschmückt, der gedimmte Lüster unterstreicht das Licht der Kerzen. Es wird fröhlich geplaudert und Punsch getrunken. Sabine und Roland hören sich die Geschichten ihrer Freunde an, von deren ersten Erfahrungen in ihren Jobs und wie es sich so anfühlt, in der Berufswelt angekommen zu sein. Auch Roland plaudert über den elterlichen Betrieb, in dem er demnächst die Geschäftsleitung übernehmen wird.

Plötzlich steht der Nikolaus in der Tür mit rotem Gewand und goldener Mütze. Als wären alle mit einem Mal zu Kindern geworden, wird es still im Raum und glänzende Augen verfolgen, wie der Nikolaus mit bedächtigen Schritten hereinkommt und das große, goldene Buch aufschlägt.

Der Nikolaus ist ein Weiser, er hat für jeden einen treffenden Reim vorbereitet, so auch für Sabine. »Wo haben wir denn Sabine? Von der höre ich ja auch so mancherlei«, sagt er und blickt suchend in die Gesichter vor ihm.

»Hier«, sagt Sabine und lächelt.

Der Nikolaus schaut in sein weises Buch, und als er zu Sabine aufblickt, nimmt er seine Brille ab. »Sabine zieht ihr Studium in die Länge und entgeht damit der mütterlichen Strenge! Zu den Doktorwürden ist's noch weit, viel zu sehr die Rebellin in ihr schreit!«, deklamiert er. Diejenigen, die Sabine kennen, lachen, nur Sabine lächelt etwas zaghaft und verunsichert.

Auf dem Nachhauseweg ist Sabine nachdenklich. »Findest du auch, dass ich mir mit dem Studium zu lange Zeit lasse?«, fragt sie Roland.

»Ach, in meiner Familie ist ›Studium‹ ein ganz ausgefallenes Wort. Nur eine meiner Schwestern hat studiert, und sie hat, glaube ich, dafür nicht viel Anerkennung bekommen. Es ist doch gut, wenn du dir so viel Zeit nimmst, wie du brauchst.«

»Ich weiß nicht, mich hat der Spruch des Nikolaus schon irgendwie betroffen gemacht.«

Ich bin dafür, dass wir dagegen sind

Wenn man Eltern von pubertierenden Teenagern fragt, wie es ihnen mit ihrem Nachwuchs geht, bekommt man meist ein tiefes Seufzen als Antwort, und das ist verständlich. Im Übergang von der Kindheit zur Erwachsenenwelt ist es nun einmal so, dass Jugendliche sich einen eigenen Standpunkt zurechtschneidern. Dabei gehen sie oft in eine starke Abgrenzung und Distanz zu dem, was ihre Eltern ihnen vorgelebt haben. Im Grunde ist dieser Prozess gut und richtig, es ist die Ablösung vom Elternhaus, um erwachsen zu werden.

Dabei können natürlich starke Spannungen entstehen, etwa wenn der Vater extrem konservative Werte vertritt und von der Tochter mit sozialistisch-marxistischem Gedankengut konfrontiert wird oder wenn besonders arbeitsame und erfolgreiche Eltern mitansehen müssen, wie der Sohn zum Lebemann und Faulenzer mutiert.

Jugendliche wollen rebellieren, sie wollen provozieren, und in der Konfrontation liegt auch der Sinn der Sache: Im Diskurs schleifen sich die Ecken und Kanten ab, ein neues Wertegerüst, eine neue Lebensart entsteht, die sich aus den gegenüberstehenden Polen herausbildet. Diskussion und Streit sind zwar anstrengend, aber hilfreich. Wenn Eltern stattdessen einlenken, wenn etwa der konservative Vater es – entgegen seinen Werten – toll findet, dass seine Tochter Kommunistin sein will, dann geht der Sinn des Abgrenzens verloren und die Jugendlichen müssen sich um ein neues Feld der Abgrenzung bemühen. Das ist, als würden sie gegen Watte schlagen: Sie müssen immer fester zuschlagen, um vielleicht doch noch eine Grenze zu spüren. Umgekehrt, wenn Eltern ihre Töchter und Söhne wegen ihrer rebellischen Standpunkte abwerten oder gar verstoßen, wenn sie sagen »dann bist du nicht mehr meine Tochter«, dann bedeutet das so viel wie »ich halte dich nicht aus". Es geht das Gleichgewicht zwischen den Wertvorstellungen verloren und Entwicklung kann nicht stattfinden. Ein Ausgleich zwischen den Positionen ist jedoch notwendig. Das bedeutet für die Eltern, dass sie es einerseits aushalten, provoziert zu werden, andererseits aber auch darauf vertrauen, dass die Tochter oder der Sohn den richtigen Weg schon finden wird.

Wenn die Rebellion zur Fixierung wird

Wenn Eltern dieses Gleichgewicht nicht aushalten können, kann es passieren, dass die pubertäre Rebellion zu einer Lebenshaltung wird. »Ich muss das Gegenteil meiner Eltern werden«, ist dann die Devise. Emmi und Gerhard haben sich auf der Landwirtschaftsschule kennengelernt, sie interessierten sich beide speziell für Gartenbauarchitektur und Gartengestaltung. Sie verliebten sich, und bald war ihnen auch klar, dass sie nach dem Studium eine eigene Gartengestaltungsfirma gründen wollten. Kurz darauf wurde Emmi schwanger, die Geburt ihres Sohnes Fritz fiel fast mit der Gründung des Unternehmens zusammen.

Sie arbeiteten von früh bis spät, um das Unternehmen aufzubauen. Der kleine Fritz wurde die meiste Zeit von den Großeltern betreut. Nur an den Wochenenden – und auch da oft nur am Sonntag – war Fritz bei den Eltern, die ihrerseits sehr glücklich über ihren wunderbaren Sohn waren. Doch mit ihrer Liebe und ihren Ideen gingen sie voll in ihrem Geschäft auf. Als das Unternehmen florierte, kam Sissi zur Welt, und im Unterschied zu Fritz wuchs

Sissi von Anfang an bei den Eltern auf. Fritz und Sissi waren nur noch selten bei den Großeltern. Dennoch war das Geschäft das wohl wichtigste Kind von Emmi und Gerhard, und das setzte sich auch fort, als Brigitte geboren wurde.

Als Fritz in die Pubertät kam, begann er zu rebellieren. Er hatte seine Eltern als Menschen erlebt, die Tag und Nacht arbeiteten, die nie Zeit für Muße hatten. Also übte er sich im Gegenteil. Er gestaltete seine Tage beschaulich und geruhsam, hörte viel Musik, traf sich mit Freunden und feierte Partys bis spät in die Nacht, und ab und zu nahm er auch Drogen. In langen Nächten philosophierte er mit seinem Freund über eine Lebensweise, die nicht über die Arbeit bestimmt wird, sondern von Muße, guten Gesprächen und der Gleichbehandlung aller Menschen.

Emmi und Gerhard fanden das zunächst ein wenig amüsant, doch als die Phase ihres Sohnes anhielt, fingen sie an unruhig zu werden. Fritz ließ sich die Haare wachsen und rauchte immer öfter Joints, bald kiffte er täglich. In der Schule wurde er schlechter, mit 16 Jahren musste er ein Schuljahr wiederholen. Alle vier Großeltern machten Druck auf Emmi und Gerhard. Das sei schließlich kein tragbarer Zustand. Was sollten sich die Leute im Dorf denken, wenn Fritz den ganzen Tag nur herumhing und Gitarre spielte!

Schließlich platzte Emmi und Gerhard der Kragen. Entweder würde Fritz sich normalisieren oder ausziehen, war das Ultimatum. Fritz entschied sich fürs Ausziehen. Er brach das Gymnasium ab und zog in eine Wohngemeinschaft in der Großstadt. Weder von den Eltern noch von den Großeltern bekam er Unterstützung, also hielt er sich mit Gelegenheitsjobs über Wasser. Fritz und sein Freundeskreis distanzierten sich vom Establishment. Leistung und Arbeit verachteten sie. Fritz gab sein Geld für Drogen aus, hatte immer wieder Beziehungen zu Mädchen, doch nie von Dauer.

Der Betrieb von Emmi und Gerhard wurde unterdessen immer erfolgreicher, sie waren weit über die Landesgrenzen hinaus bekannt als renommierte Gartengestalter und gewannen viele Preise. Nur dass sie zu ihrem Sohn keinen Kontakt hatten, war ein Wermutstropfen in ihrem Leben. Dennoch war klar: »Solange er sich so verhält, braucht er keinen Schritt in unser Haus zu machen.«

Mit 27 Jahren lernte Fritz Susi kennen. Er verliebte sich, obwohl er sie eigentlich unmöglich fand: Susi kam aus einem konservativen Haus und studierte Veterinärmedizin, und dieses brave Leben entsprach nicht seinen Wertvorstellungen. Trotzdem waren sie voneinander begeistert, wie das eben so ist, wenn man frisch verliebt ist. Wenige Monate später war Susi schwanger und für sie war klar, dass sie das Kind haben wollte. Fritz hingegen war völlig verunsichert: War die Freiheit nun zu Ende? Die Freiheit, für die er so viel gekämpft und die er letztlich errungen hatte? Er beschloss, dass er das Kind nicht bekommen wollte.

Susi war verzweifelt. Sie bekam von einer Freundin eine Empfehlung zur Paartherapie, und so landeten die beiden bei uns in der Praxis. Fritz war zu Beginn widerspenstig. Was brauchte er schon einen Seelenklempner! Doch von Sitzung zu Sitzung wurde den beiden immer mehr bewusst, welche Lebensthemen durch die Schwangerschaft an die Oberfläche kamen. Bei Fritz war es die Angst, in seiner Freiheit eingeschränkt zu werden und sich selbst untreu zu werden, weil er nun Geld verdienen müsse. Susi wiederum kam aus einfachen Verhältnissen und hatte erlebt, wie sich ihre Eltern jeden Bissen vom Mund absparen mussten. Sich mit ihrem Kind alleine durchzuschlagen, war in ihrer Vorstellung mit großen Entbehrungen verbunden und schwer vorstellbar. Nach ein paar Sitzungen entschieden sie jedoch, die Geburt abzuwarten und dann alles Weitere zu beschließen.

Wir hörten dann länger nichts mehr von den beiden. Nach drei Jahren kamen sie bei uns vorbei, um sich zu bedanken und uns zu erzählen, was passiert war. Als Susi und Fritz zur Tür hereinkamen, hätten wir Fritz kaum mehr erkannt. Er trug kurzes Haar und gepflegte Kleidung, seine Augen waren offen und klar und waren nicht die Spur verquollen, wie das durch den Drogenkonsum früher der Fall gewesen war. Sogar die Trauerränder unter den Fingernägeln waren verschwunden. Susi strahlte, sie wirkte in keiner Weise mehr so abgekämpft und müde, wie wir sie erlebt hatten.

»Es war irgendwie seltsam«, erzählte Fritz. »Als ich das erste Mal meine Tochter in den Armen hielt, sagte ich mir: ›Wenn du es jetzt nicht kapierst, dann kapierst du es nie.‹ Mir war klar, dass dieses kleine Würmchen mich braucht und auf uns beide angewiesen ist. Plötzlich konnte ich einen Sinn finden und war bereit, als Vater Verantwortung zu übernehmen. Ich wollte auch für Susi da sein und war bereit, Geld zu verdienen, um meine Familie zu ernähren.« Wie war dieser Sinneswandel möglich?

Sinn und Unsinn fixierter Rebellion

Wenn in der Familie jemand sich stark vom Familienmuster entfernt und auf diese Weise rebelliert, repräsentiert er einen fehlenden Anteil – ein klares Symptom der Nebenwirkungen unseres emotionalen Erbes. In der Imagotherapie verwenden wir die Begriffe »verlorene und verleugnete Selbstanteile«. Damit ist gemeint, dass Menschen im Laufe ihrer Entwicklung manche Fähigkeiten verlieren oder verleugnen. Wenn Sie zum Beispiel sagen: »Ich kann nicht singen«, dann ist das eine verlorene Fähigkeit, ein »verlorener Selbstanteil«. Denn fast jeder Mensch ist mit einer Stimme zur Welt gekommen und kann grundsätzlich singen. Dass manche es verlernen, liegt an der Sozialisation, der wir ausgesetzt werden, durch schlechte Erfahrungen im Schulunterricht zum Beispiel. Wenn Sie hingegen das Verhalten einer anderen Person verwerflich finden und sagen: »Also so wie der bin ich nicht«, könnte es sein, dass dieses beobachtete Verhalten ein »verleugneter Selbstanteil« ist. Das ist der Fall, wenn Sie es zum Beispiel kaum aushalten, wenn eine Person sich ständig in den Vordergrund drängt. Möglicherweise halten Sie es deshalb nicht aus, weil Sie selbst gerne im Mittelpunkt stehen würden, dies aber verleugnen.

Dasselbe Phänomen gibt es auch auf höherer Ebene in Familiensystemen, wie wir festgestellt haben. Auch hier kann die Familie verlorene oder verleugnete Selbstanteile haben. In der Familie von Emmi und Gerhard war der »verlorene Anteil«, Zeit für Begegnung, Entspannung und Muße zu pflegen und zu genießen. Die beiden gingen so sehr in ihrer Arbeit auf, dass sie keine Zeit für ihre Kinder und wohl auch nicht für ihre Freunde hatten.

Diesen verlorenen Selbstanteil hat Fritz durch seine Rebellion repräsentiert, er hat sie im Übermaß in die Familie hineingebracht, so wie seine Eltern im Übermaß Arbeit und Leistung vertraten. Im Grunde genommen hat er damit einen Dienst an der Familie geleistet, nur konnte dieser Dienst keine Früchte tragen, weil sich Fritz' Rebellion aus einer Trotzhaltung heraus verselbständigt hatte und zu einer Fixierung wurde. Auch seine Eltern haben zu dieser Fixierung beigetragen, indem sie sein Verhalten nicht aushalten konnten und sich von ihm abwandten.

So wie diesen verlorenen Familienselbstanteil gibt es auch verleugnete Anteile, etwa in Familien, in denen zum Beispiel nationalsozialistisches Gedankengut massiv vertreten war. Die »Rebellion« der nächsten Generation besteht dann darin, dass sie das entweder gänzlich tabuisiert und verleugnet, indem sie sagt: »In unserer Familie doch nicht!« Oder das Thema wird dogmatisch übertrieben: »Wir waren doch alle Täter und müssen uns aus der Schuld heraus für die Opfer engagieren, und zwar in jeder erdenklichen Art.« Das ist zwar dann genau die gegenteilige Sicht, doch wird sie mit einer Vehemenz vertreten, die den verleugneten Selbstanteil der Familie ans Tageslicht bringt, ähnlich wie Fritz den verlorenen Anteil seiner Familie durch gegenteiliges Verhalten aufdeckte.

Das ist das Sinnvolle an der Rebellion: Sie deckt verlorene oder verleugnete Familienselbstanteile auf und bringt sie durch das rebellische Verhalten wieder ein. Sofern alle Beteiligten einen gemeinsamen Weg finden, kann das für alle heilsam und gewinnbringend sein.

Nur wenn die Rebellen sich im gegenteiligen Verhalten festfahren wie Fritz und nicht mehr herauskommen, entsteht ein neues Ungleichgewicht. Das gesamte Familiensystem wiederholt sich sozusagen, nur mit gegenteiligen Vorzeichen. Würde Fritz sein Trotzverhalten beibehalten, könnte es sein, dass seine Tochter sich in ihrer Rebellionsphase wiederum dem Gegenteil zuwenden muss – in ihrem Fall nach dem Vorbild von Fritz' Eltern –, um das Familiensystem auszugleichen.

Im Grunde hat jede Familie verlorene und verleugnete Anteile. Je extremer die Gegensätze sind, desto schwieriger ist es für alle, die Rebellion der pubertierenden Kinder auszuhalten – und desto wichtiger ist es, die Botschaft dahinter zu erkennen. Wäre es den Eltern Emmi und Gerhard gelungen zu begreifen, dass Fritz mit seinem Verhalten den Finger auf einen wichtigen, aber verlorenen Bereich des Familienlebens legt – nämlich Ruhe, Begegnung, Entspannung –, hätten sie seine Abgrenzungsversuche ausgehalten und ihn nicht vor die Tür gesetzt. Sie hätten ihm klar vermittelt, dass sie zwar nicht einverstanden sind, wenn er sich täglich mit Drogen zudröhnt, doch sie hätten sich für ihn engagiert und wären ihm emotional zugewandt geblieben. Damit wäre es Fritz möglich gewesen, seine Rebellion als das zu erkennen, was sie war, und sich mit ihrer Hilfe weiterzuentwickeln.

Auf der Jagd nach dem verlorenen Schatz

Fritz gelang es erst in der Paartherapie und schließlich durch die Geburt seiner Tochter, den Sinn seiner Rebellion zu erkennen und seine Fixierung loszulassen. In den Sitzungen erinnerte er sich mit Hilfe des Theaterblicks an die vielen Streitgespräche mit seiner Mutter und seinem Vater. Im Licht seiner Erfahrungen, welche Gefühle und Gedanken seine Tochter in ihm auslöste, konnte er erkennen, dass er in der Pubertät hängengeblieben war. Die Paartherapie ermöglichte ihm eine neue Sicht, nämlich die auf sich selbst und sein Verhalten, und es wurde ihm bewusst, dass er sich nicht nur von den Eltern, sondern zum Teil auch von sich selbst und seiner Lebendigkeit abgeschnitten hatte. »Wenn ich mich zugekifft habe, merkte ich nicht einmal, dass ich eigentlich in einer Parallelwelt lebte. Ich dachte, ich würde mich in dieser Welt finden, dabei habe ich mich in ihr erst recht verloren!«

Der Impuls von außen

Natürlich kann man sagen, dass Fritz die Geburt seiner Tochter gebraucht hatte, um aufzuwachen. Er meinte zwar, es sei die Kombination gewesen: In der Paartherapie vor der Geburt hatte er schon einiges verstanden, auch wenn er das zu diesem Zeitpunkt noch nicht in Worte fassen konnte. Mit dem Erlebnis der Geburt und dem Gefühl, nun seine kleine Tochter in den Armen zu halten, war dann der Damm der Wortlosigkeit gebrochen und ihm wurde vieles klar: »Meine Rebellion der Unangepasstheit stampfte sich in meinem Gehirn wie ein Trampelpfad fest. Nicht mehr ich bestimmte mein Leben, sondern die Rebellion war mein Leben. Ich glaubte frei zu sein, und war in Wahrheit total unfrei. Ich glaubte, mich befreien zu können, indem ich ganz anders bin als meine Eltern. Doch indem ich das Gegenteil meiner Eltern leben musste, war ich genauso unfrei wie sie!«

Grundsätzlich ist es letztlich egal, was uns aus einer fixierten Rebellion herausholt. Alles, was uns in Bewegung setzt, ist eine Chance, alte Trampelpfade zu verlassen. Je fester wir in einer Spur stecken, desto stärker muss der Impuls sein – im Fall von Fritz musste es eben ein so starker sein wie die Geburt seiner Tochter. Auch die schwere Krankheit oder der Verlust eines wichtigen Menschen kann so ein starker Impuls sein. Das sind alles einschneidende Erlebnisse, die uns zwingen, über unser Leben nachzudenken. Sehr oft haben uns Männer und Frauen in der Paartherpie erzählt, dass durch den Tod ihres ersten Partners ihr Leben eine ganz neue Wendung genommen hat.

Es wäre auch unnatürlich, wenn es nicht so wäre. Wir brauchen diesen starken Impuls, um aus einer festgefahrenen Rebellion herauszukommen oder zumindest, um zu prüfen, ob wir sie wirklich brauchen, um glücklich zu sein.

Den Sinn der Rebellion für Wachstum nützen

Mit seinen neuen Erkenntnissen ging Fritz zum ersten Mal seit seinem Auszug zu seinen Eltern. Er wollte sich mit ihnen versöhnen und lud sie ein, mit ihm einen Generationen-Workshop zu besuchen. Zunächst lehnten sie ab – nach so langer Zeit, in der er sich nicht gemeldet hatte, fanden sie es nicht sinnvoll, nun mit ihm an einem Workshop teilzunehmen. Schließlich fasste sich der Vater ein Herz. Am Ende des Workshops sagte er zu seinem Sohn: »Nun ist mir klar, dass du eigentlich meine nicht gelebte Rebellion für mich ausgelebt hast. Du hast es ein Stück für mich getan, und dafür danke ich dir.« Er hatte Tränen in den Augen, als ihm klar wurde, dass er zwar seine Rebellion nicht mehr nachholen konnte, dass es aber nun an der Zeit war, sein Leben zu hinterfragen.

Gerhard hatte sich während seines Studiums in Emmi verliebt und sich dann mit ihr gemeinsam in den Beruf und den Erfolg ihres Unternehmens verstrickt. »Es waren ja nicht nur die Kinder, die ich vernachlässigte, sondern auch unsere Beziehung. Für meine Liebe zu Emmi war kaum Platz, in jeder Minute meines Lebens ging es um den Betrieb!« Als Sechzehnjähriger war Gerhard mit dem Tramper-Rucksack unterwegs gewesen, zwar ohne Drogenkonsum, aber er hatte viel erlebt. All das hatte er gegen das eine große Abtenteuer Unternehmensentwicklung eingetauscht, das bald sein ganzes Leben bestimmte. »Ich hätte eigentlich erkennen müssen, dass mein Sohn mir mit seiner Rebellion etwas sagen wollte. Nämlich dass es im Leben auch um vieles anderes gehen kann als um Arbeit!«

Die Rebellion der heranwachsenden Jugendlichen ist dann ein wesentlicher Impuls für Wachstum, wenn mit ihr konstruktiv umgegangen wird. Sobald sie sich verfestigt, engt es den Lebensspielraum aller drastisch ein. Für Emmi und Gerhard wäre es so wichtig gewesen zu erkennen, dass neben der Freude am beruflichen Erfolg auch die Muße und Kontemplation und vor allem auch die Auseinandersetzung mit den Kindern wertvoll ist.

Das Pendel in die Mitte bringen

Im Grunde hatten in der Familie von Emmi, Gerhard und Fritz alle unbewusst Angst. Die Eltern, dass das Unternehmen scheitern würde, wenn sie zu sehr ihren Wünschen nach Freiheit, Freizeit und Muße nachgehen würden. Fritz, dass er in den Sog des Familienmusters geraten könnte, wenn er sein rebellisches Verhalten überdenken und auch das Positive an der Lebensart seiner Eltern erkennen würde. Letztlich waren alle in ihrem Trotz verfangen. Dass Emmi und Gerhard ihren Sohn aus dem Haus verwiesen, war trotziges Verhalten. Und natürlich war auch das Verhalten von Fritz trotzig: »Ich werde meinen Eltern schon zeigen, was es heißt, wirklich zu leben!«

Trotz hat etwas mit Halsstarrigkeit, Sturheit zu tun. Nicht jedes Verhalten, das sich klar von dem anderer Menschen abgrenzt, geschieht aus Trotz, das muss man unterscheiden. Wenn Sie als Tochter eines Fleischers Vegetarierin werden, kann das natürlich aus Trotz geschehen. Es kann aber auch eine freie, von den Eltern losgelöste Entscheidung sein, weil es Ihnen guttut, sich fleischfrei zu ernähren, und Sie sich vernünftige Gedanken zu Ihrer Gesundheit machen. Trotzverhalten, noch dazu, wenn es unbewusst ist, macht uns unfrei und hält uns in einem engen Korsett gefangen. Es ist ein großer Irrtum zu glauben, man sei frei, nur weil man das Gegenteil der Eltern lebt.

Das Pendel in Fritz' Ursprungsfamilie war in den Extrempositionen fixiert: einerseits nur Arbeit, andererseits nur Kontemplation. Auf beiden Seiten erreichte das Pendel den höchsten Grad der Anspannung, und eine entspannte Sicht auf die positiven Elemente beider Lebensweisen war nicht möglich. Fritz gelang es erst mit der Geburt seiner Tochter, das Pendel in die Mitte zu führen und einen Ausgleich herzustellen: »Es war schon auch schön, dass meine Eltern diesen Betrieb hatten. Ich kam als Kind gern nach Hause; da waren drei nette Mitarbeiter, einer spielte sogar Fußball mit mir. Ich erinnere mich auch, dass meine Klassenkollegen mich um unser Unternehmen beneideten.« Erwachsen ist man eben tatsächlich erst dann, wenn man das tut, was man will – selbst wenn es die Eltern wollen.

Die delegierte Rebellion

Wir erweitern diesen Spruch gern um den Teil der Partnerschaft: Erwachsen ist man, wenn man tut, was man selber will – auch wenn es die Eltern und/oder der Partner wollen. Als Susi und Fritz in die Paartherapie kamen, fragten wir sie beide, was sie zu Beginn ihrer Verliebtheit so attraktiv aneinander fanden. Susi sagte: »Er war einfach anders, unangepasst und originell. Immer, wenn Fritz in meinem

Freundeskreis auftauchte, waren alle begeistert von ihm, weil er so anders dachte. Ich komme aus einer so braven, angepassten Familie – und dann kam er, der sich um nichts geschert hat.« Die langen Haare, das ungepflegte Äußere, das störte sie zwar, doch sie war sicher, ihn dazu zu bringen, dass er mehr auf sein Aussehen achten würde. Erst später merkte sie, wie intensiv er seine Rebellion, sein Anderssein lebte. »Zu Beginn hat er sich mir zuliebe schon öfter die Haare gewaschen, doch später durfte ich das nicht einmal ansprechen. Ich sei ja wie seine Eltern, hieß es dann.«

Fritz demonstrierte den verlorenen Familienselbstanteil also nicht nur für seine Ursprungsfamilie, er brachte ihn auch in Susis Familie hinein. Susi hatte sich nie getraut zu rebellieren, also hatte sie sich sozusagen einen Partner ausgesucht, der das für sie tat. Susis Eltern waren natürlich schockiert vom Freund ihrer Tochter. Obwohl ihre christliche Anschauung ihnen verbot, einen Menschen abzulehnen, so hofften sie doch, Susi würde einen anderen finden. Und ähnlich wie bei Fritz' Eltern war auch Susis Eltern nicht bewusst, dass Susi mit der Wahl ihres Partners einen verlorenen Familienselbstanteil in die Familie brachte. Theoretisch hätten sie sagen müssen: »Ah, jetzt erst erkennen wir, das wir viel zu angepasst sind und immer nur brav zu Hause vor dem warmen Kamin sitzen. Wir haben ganz vergessen, auch ein Stück das Abenteuer zu leben!« Doch nachdem fehlende Selbstanteile immer unbewusst sind, ist es für niemanden leicht, sie zu erkennen.

Einen Theaterblick einzunehmen, kann ein interessantes Licht darauf werfen, was man in der eigenen Ursprungsfamilie nicht leben darf. Susi hat es gut gemacht, sie hat, als sie schwanger wurde, Fritz nicht bekämpft, sondern mit Hilfe der Paartherapie zu erkennen versucht, warum sie sich ausgerechnet diesen Mann ausgesucht hat. Der erste und entscheidende Schritt, sich von ihren Eltern zu emanzipieren, war, dass sie sich in den unangepassten Fritz verliebte. Als sie realisierte, dass Fritz nicht mit ihr und ihrem Kind leben wollte, tat sie den nächsten Schritt: Sie verabschiedete sich von der Vorstellung ihrer Eltern, dass ein Kind nur mit beiden Eltern gut aufwachsen kann. Stattdessen entschied sie, dass sie ihr Baby auch allein aufziehen könne.

In der Paartherapie war Susi sehr glücklich, als sie diese Entscheidung formulieren konnte, denn es machte sie frei, ihr eigenes Leben ungeachtet der Vorstellungen und Befürchtungen der Eltern zu gestalten. Sie konnte in ihrer Persönlichkeit ein Stück wachsen und dadurch auch Fritz in einem neuen Licht sehen, nämlich dass er doch nur in seinem Trotzverhalten verharrte und das gar nicht so toll war. Das war ihre Art zu rebellieren – und damit war es auch möglich, Fritz zu konfrontieren, was letztlich auch zu Fritz' Erwachsenwerden beitrug.

Anstatt den Partner bei Konflikten zu bekämpfen, ist es also viel sinnbringender, ihn auch als einen hartnäckigen Ermahner zu betrachten, der den verlorenen oder verleugneten Selbstanteil in die Familie hereinzuholen versucht. Wenn das gelingt, muss man nicht länger an Trennung denken, sondern kann aus dem Konflikt eine gemeinsame Ressource entdecken und weiterentwickeln.

Lehrmeister und Botschaften des Lebens erkennen

Fritz hatte das Glück, dass das Leben ihm gleich zwei Lehrmeisterinnen geschickt hat: seine Partnerin Susi und seine Tochter. Er war klug genug, sie erstens als solche zu erkennen und zweitens ihre Botschaften für sich zu decodieren, um sich weiterzuentwickeln. Der Theaterblick hilft sehr gut dabei, diese Chancen aufzugreifen, zu verstehen und zu interpretieren. Seine beiden Lehrmeisterinnen hielten ihm sozusagen einen Spiegel vor Augen, sodass er sehen konnte, wie sehr er in seiner Rebellion verstrickt war und welchen Familienselbstanteil er damit repräsentierte.

Ein Familienmuster zu erkennen und aufzulösen, auch wenn die Eltern diese Erkenntnis niemals zu teilen bereit sind, ist wichtig für die eigene Lebensqualität. Würde man darauf warten, dass die Eltern sich verändern, wäre man erneut in einer Abhängigkeit und könnte sein Leben nicht frei gestalten. Wachstum ist immer auch mit Abschied verbunden – mit dem Abschied von der Rebellion und mit dem Abschied von der Vorstellung, andere Familienmitglieder verändern zu können. Es gilt, darauf zu vertrauen, dass sie alle – Mutter, Vater, Geschwister, Kinder – sich für ihren eigenen Weg entscheiden und dass dieser für sie richtig ist. Innere Reife entwickeln wir zum einen durch Loslassen. Zum andern gilt es zu würdigen, dass unsere Vorfahren nur so und nicht anders handeln konnten. Und schließlich ist es auch wichtig, dankbar zu sein für das, was wir bekommen haben und lernen konnten.

Die bunten Facetten des Lebens

Wann haben Sie das letzte Mal in ein Kaleidoskop geschaut? Erst kürzlich oder zuletzt als kleines Kind? Das Bild in einem Kaleidoskop ist so bunt und so vielfältig, weil sich bei jedem Drehen am vorderen Ende das Muster immer wieder neu zusammenstellt. Im Grunde ist das Kaleidoskop eine schöne Metapher dafür, wie das Leben sein kann. In einer wissenschaftlichen Studie wurde vor einigen Jahren untersucht, was die wichtigsten Bereiche unseres Lebens sind. Ein zufriedenes, glückliches Leben hat, wer eine Balance zwischen diesen Bereichen schafft:

- ☞ geistige Aktivität
- ☞ Abwechslung
- ☞ Bewegung
- ☞ Ernährung
- ☞ Schlaf, Muße, Pausen
- ☞ Kontakt mit Menschen
- ☞ soziales Engagement

Wenn Sie sich nun das Beispiel von Fritz und Susi vergegenwärtigen, werden Sie ganz leicht erkennen, dass sowohl in der Ursprungsfamilie von Fritz als auch der von Susi mindestens ein Bereich zu kurz kam und daher auch bei Fritz und Susi selbst ein Ungleichgewicht herrschte. Bei Emmi und Gerhard war Bewegung in Form von Arbeit, Abwechslung und in einem gewissen Maß auch das soziale Engagement im Vordergrund. Die täglichen Herausforderungen im Betrieb sorgten permanent für Abwechslung. Beide arbeiteten auch körperlich viel und liefen dadurch kaum Gefahr, übergewichtig zu werden. Indem sie ihren Mitarbeitern viel Unterstützung zukommen ließen und dafür sorgten, dass es ihnen gut ging, war auch das soziale Engagement gegeben.

Allerdings war kein Platz für Kontakte zu Freunden, nicht einmal zu ihren eigenen Kindern. Schlaf, Muße und Nichtstun kam für sie nicht in Frage. Im Generationen-Workshop erzählte Gerhard, dass er schon ab und zu daran dachte, sich einmal kurz hinzulegen und zu entspannen. »Doch dann kam mir alles Mögliche in den Sinn, was ich für den Betrieb tun könnte.« Auf seinem Nachtkästchen stapelten sich Bücher, die er gern lesen wollte, doch dazu kam es nie. Es fehlte die Muße.

Haben Sie Lust, in der Loge Ihres Lebenstheaters kurz Platz zu nehmen und einen Blick auf Ihr Leben auf der Bühne zu werfen? Die Idee ist nicht, dass Sie sich Vorwürfe machen, weil etwas in Ihrem Leben fehlt, oder Sie nun Stress bekommen, um alles einzuholen. Wir möchten Sie vielmehr auf einer gedanklichen Reise begleiten, um ganz ohne Bewertung und Verurteilung auf das Kaleidoskop Ihres Lebens zu schauen. Nehmen Sie ein Blatt Papier und einen Stift zur Hand und ergänzen Sie die folgenden Satzanfänge:

Zum Bereich geistige Aktivität:

☞ Ich schätze an meinem eigenen Bildungsweg besonders, dass ich ...

- ☞ Meine Ursprungsfamilie hat mich gut auf die Herausforderungen des Lebens vorbereitet, indem sie ... (Beispiel: Hausverstand, Herzensbildung etc.)
- ☞ Bezogen auf meine Bildung und geistige Aktivität lebe ich im Moment besonders ...
- ☞ Was an geistiger Aktivität derzeit in meinem Leben etwas zu kurz kommt, ist ...
- ☞ Daher ist es höchste Zeit, dass ...

Achten Sie bitte darauf, dass Sie bei diesem letzten Punkt und bei allen weiteren Formulierungen Ihrer Vorhaben möglichst konkret und spezifisch Ihr Ziel formulieren. Schreiben Sie also nicht zum Beispiel: »Ich möchte gerne mehr lesen«, sondern: »Ich möchte pro Monat ein für mich interessantes Buch lesen".

Zum Bereich Abwechslung:

- ☞ Was in meinem Leben wirklich gut läuft und wo ich genug Abwechslung habe, ist ...
- ☞ Mehr Abwechslung in meinem Leben hätte ich gerne in/bei ...
- ☞ Daher nehme ich mir ganz konkret vor, in der nächsten Zeit Folgendes neu auszuprobieren: ...

Zum Bereich Bewegung – damit ist nicht nur Sport gemeint, sondern auch alltägliche Bewegung wie Stiegensteigen, mit dem Rad zur Arbeit zu fahren, körperliche Arbeit, aber auch Yoga, Tanzen oder Sexualität:

- ☞ Die Phase meines Lebens, in der ich sehr viel Bewegung gemacht habe, ist ...

- ☞ Die Phase meines Lebens, in der ich relativ wenig Bewegung gemacht habe, ist ...
- ☞ Eine Bewegung, die ich gut kenne, aber in letzter Zeit selten gemacht habe, ist ...
- ☞ Es würde mich reizen, ... einmal auszuprobieren.
- ☞ Nun wird mir klar, dass ich folgende Bewegung regelmäßig in mein Leben integrieren werde, nämlich ...

Zum Bereich Ernährung:

- ☞ Meine Essgewohnheiten sind in erster Linie ... (Beispiele: Junkfood oder selbst gekocht, biologisch etc.)
- ☞ Die Zeit, die ich mir zum Essen nehme, ist ...
- ☞ Was ich schon lange gerne einmal selbst kochen würde, ist ...
- ☞ Ich würde gerne dieses gute Restaurant besuchen: ...
- ☞ In puncto Ernährung bin ich am meisten unzufrieden mit ...
- ☞ Was ich wieder einführen oder verändern möchte, ist ... (Beispiele: mehr selbst kochen, mehr Obst essen etc.)

Zum Bereich Schlaf, Muße und Pausen:

- ☞ Ich finde, meine Schlafgewohnheiten sind ...
- ☞ In meinem Leben würden Pausen manchmal guttun bei ...
- ☞ Zeiten der Entspannung und der Muße sind bei mir ...
- ☞ Daher ist mein nächster Schritt auf dem Weg zu ausreichend Schlaf, Muße und Pause ...

Zum Bereich Kontakte mit Menschen:

- ☞ Die Freundinnen und Freunde, die ich schon seit Langem gerne treffen möchte, sind ...
- ☞ Menschen, die ich zwar treffe, deren Kontakte mir aber gar nicht so wichtig sind, sind ...
- ☞ Meine Intention, sie trotzdem immer wieder zu treffen, ist ...
- ☞ In nächster Zeit möchte ich gerne die folgenden Menschen besuchen oder sie zu mir einladen: ...

Zum Bereich soziales Engagement:

- ☞ Ich würde gern in diesen Bereichen einen Beitrag zu einer besseren Welt leisten: ...
- ☞ Das soziale oder ökologische Hilfsprojekt, das mir gerade in den Sinn kommt und das ich in Zukunft finanziell oder tatkräftig unterstützen möchte, ist ...
- ☞ Mein nächster konkreter Schritt zu mehr sozialem Engagement ist daher ...

Lassen Sie das Blatt mit Ihren Notizen nun eine Weile ruhen und lesen Sie es erst nach ein paar Tagen wieder. Was ist – mit ein bisschen zeitlicher Distanz betrachtet – das Besondere, das Ihnen auffällt? Welche Bereiche sind in Ihrer Familie zu kurz geraten? Ist es Ihnen erlaubt, etwas daran zu ändern – oder leben Sie diese gar in einer langjährigen Rebellion aus? Wir wünschen Ihnen viel Erfolg dabei, um in Ihrem Leben und in Ihrer Familie eine Ausgewogenheit zu finden!

Hinter den Kulissen

Sabine, 54 Jahre

»Was du im Kopf hast, kann dir niemand wegnehmen«, war der Leitspruch meiner Großmutter mütterlicherseits. Sie war eine elegante Dame und betrieb ein Institut, in dem junge Mädchen zu höheren Töchtern gedrillt wurden – sie lernten Sprachen, Benimmregeln und was man als gebildete Frau Anfang des 20. Jahrhunderts eben so wissen musste. Man kann sich ungefähr vorstellen, wie meine Mutter wohl erzogen wurde. Gleichzeitig erlebte die Familie den Zweiten Weltkrieg, wo einem vieles, manchen sogar alles genommen wurde – und so ist der Leitspruch in meiner Familie gut verständlich. Bildung war etwas Wertvolles, das einem niemand stehlen konnte.

Dementsprechend wurde ich von meiner Mutter erzogen. Es war selbstverständlich, dass ich ins Lycée Français de Vienne ging, in dem Kinder aus aller Herren Länder zusammenkamen. Auf Leistung und Wissen wurde besonderer Wert gelegt. Zur Elite zu gehören, war allerdings auch ein großer Druck. Zu Hause wachte meine Mutter mit Argusaugen auf meine schulischen Erfolge, Misserfolg wurde mit Liebesentzug bestraft. Selbstverständlich durfte ich nur dann spielen und Spaß haben, wenn ich alle Hausaufgaben erledigt und für die anstehende Prüfung ausreichend gelernt hatte. Ich konnte das Stillsitzen beim Lernen nicht ausstehen und war froh darüber, wenigstens im Ballettunterricht springen und tanzen zu können. Meine Mutter machte selbst hier sehr viel Leistungsdruck, doch liebte ich es, im Kinderballett auf der Wiener Volksopernbühne zu tanzen und dafür Applaus zu bekommen. Das war wohl eine meiner schönsten Zeiten in meiner Kindheit, und ich bin meiner Mutter sehr dankbar dafür.

Zeit für Muße und Entspannung gab es also selten in meinem Leben. Und dann kam die Studienzeit. Was für eine herrliche, ganz neu zu entdeckende Freiheit! Endlich konnte ich selbst bestimmen, wann ich was tun wollte – oder noch besser: wann ich nichts tun wollte! Ich zog so rasch es ging in eine eigene kleine Wohnung und verteidigte meine vier Wände sogar gegenüber Roland, der gerne mit mir zusammengezogen wäre. Ich saugte die Freiheit auf wie ein Schwamm und konnte nicht genug davon bekommen. Prüfungen und Seminararbeiten meisterte ich mit wenig Aufwand, nebenbei absolvierte ich die Psychotherapie-Ausbildung und ich hatte genug Zeit für Party und Spaß und Schabernack.

Dann kam die Zeit, in der ich die Dissertation zu schreiben hatte. Alle Prüfungen hatte ich hinter mir, und so fehlte mir jegliche Struktur von außen. Für die Dissertation musste ich viele, viele Stunden am Schreibtisch sitzen – und das war genau das, was ich nie mochte. Plötzlich war es wieder da, das Gefühl, mich nicht beliebig bewegen zu können, dass mir die Freiheit genommen wurde. Mir fielen hundert Dinge ein, die ich machen konnte, anstatt an der Dissertation zu arbeiten: Geschirr waschen, Blumen gießen, mit Roland Eis essen gehen. Roland störte es überhaupt nicht, dass ich mit dem Studienabschluss nicht fertig wurde, das war für mich bemerkenswert, schließlich kannte ich es so überhaupt nicht. Ihm war diese Welt fremd und gleichzeitig bewunderte er mich für mein Leben, denn eigentlich wollte er auch studieren. Er ließ mir völlige Freiheit, mein Studium zu gestalten, und ich fühlte mich deshalb in ganz besonderem Maß von ihm geliebt und unterstützt. Natürlich versuchte meine Mutter, mir Druck zu machen. Doch das führte bloß dazu, dass ich mir noch mehr Freiheiten nahm und mein Studium noch länger hinauszögerte.

Der Spruch des Nikolaus war es, der mich schließlich zum Nachdenken brachte. Ein paar Wochen nach diesem Nikolausfest saß ich mit Roland bei einem Glas Wein und erzählte ihm von meinen Gedanken. »Was kann ich tun, damit du die Dissertation fertig bekommst?«, fragte er. Unser Freund Rudi stellte mir auch eine Frage: »Was hindert dich eigentlich daran, dein Studium abzuschließen?« Tagelang dachte ich vor allem über Rudis Frage nach, dann fiel es mir wie Schuppen von den Augen: Ich wollte meiner Mutter die Freude nicht machen, dass sie eine Tochter mit akademischen Würden bekam. Nie wieder sollte sie mich drangsalieren dürfen wie damals als Kind, jetzt ging es nur um mich, und ich wollte ihr zeigen, was für ein tolles, fröhliches, lustiges Leben man haben konnte abseits jeglichen Leistungsdrucks.

Dass ich mir dadurch aber einen nächsten, wichtigen Schritt in meinem Leben verwehrte, das hatte ich nicht bedacht. Es kam mir gar nicht in den Sinn, dass auch das Berufsleben erstrebenswert und schön sein könnte, so sehr war ich in meinem Trotz. Der Nikolaus war also mein erster Lehrmeister, um meine Rebellion abschließen zu können. Auch Roland und Rudi halfen mir, die Augen zu öffnen. Der vielleicht letzte Kick war die Begegnung mit Menschen, die ihr Studium kurz vor dem Ende abbrachen. Und irgendwann war ich dann so weit zu denken: »Selbst wenn sich meine Mutter darüber freuen wird, ich schließe mein Studium jetzt trotzdem ab. Ich gönne es mir, denn ich studiere schließlich für mich und mein Leben und nicht für meine Mutter.« Weniger als ein Jahr später hatte ich die Dissertation fertig und konnte mit meiner Promotion gleichzeitig den Abschied von meiner Rebellion feiern.

Darüber sprechen wir nicht

Beipackzettel

Gebrauchsinformation: Durch sorgsames Auftragen dieses Kapitels auf besonders energiearme Stellen Ihrer Seele können bislang unsichtbare Geheimnisse sichtbar und damit als Bestandteil Ihrer Lebensgeschichte wertgeschätzt werden.

Warnhinweise: Rechnen Sie damit, auf Aggression und Scham zu stoßen. Doch da Sie am Ende dieses Buchs den Beipackzettel Ihres emotionalen Erbes schon ein gutes Stück kennen, sollte es nur zu vorübergehenden Irritationen kommen.

Späte Trauer

Roland, 39 Jahre, auf Besuch bei seiner fünfundsiebzigjährigen Mutter

Rolands Mutter stellt die Kaffeekanne auf den schon fertig gedeckten Tisch. »Setz dich doch«, sagt sie zu ihm, und dann will sie wissen, wie es ihren Enkelkindern geht, und sie plaudern über Alltägliches.

»Weißt du was?«, sagt sie dann nach einer kurzen Sprechpause. »Ich finde das Grab von Herbert nicht.«

Roland ist verwirrt. Herbert, sein Vater, ist doch erst vor einem halben Jahr gestorben und liegt im Familiengrab, das seine Mutter wohl schon tausend Mal besucht hat. »Aber Mutti«, sagt er, »du weißt doch, auf dem Ottakringer Friedhof, gleich hinter der Aufbahrungshalle.«

»Aber ich meine doch nicht den Papa, ich meine den Herbert Frank! Du weißt schon, der, mit dem ich vor deinem Vater verlobt war.«

»Davon hast du mir nie erzählt.«

»So ein Blödsinn, natürlich habe ich das erzählt«, sagt die Mutter und zieht verärgert die Stirn in Falten. »Als Herbert Frank 1944 im Krieg gefallen ist, hatte ich keine Gelegenheit herauszufinden, wo er begraben liegt. Wir bekamen nur die Nachricht, dass er fürs Vaterland gefallen ist. Und dann waren wir alle so damit beschäftigt, diesen furchtbaren Krieg zu überstehen. Ich war so verletzt und traurig und hab mir damals geschworen, nie wieder zu heiraten.«

»Mutti, das macht mich jetzt ziemlich traurig. So kenne ich diese Geschichte ja gar nicht!«

»Ach, jetzt komme mir nicht so daher. Ich wollte eigentlich nur sagen, dass ich jetzt zu recherchieren beginne, wo Herbert Frank begraben ist, offensichtlich irgendwo in Belgien in einem Massengrab.«

Ach, wie gut, dass niemand weiß …

Die zwölfjährige Melanie ist auf dem Heimweg und hüpft vergnügt von einem Bein aufs andere. Sie hat gerade Peter, ihren Schulfreund, im Park getroffen, und sie haben sich geküsst! Ich bin verliebt, denkt Melanie, aber das sage ich daheim niemandem. Zu Hause grüßt sie die Mutter nur ganz kurz und verschwindet in ihr Zimmer. Auf dem Boden ihres Kleiderschranks, von ein paar alten Pullis verdeckt, verwahrt sie ihren geheimsten Schatz: eine rote

Blechschatulle, in der sie ein Freundschaftsband, das sie mit acht Jahren bekommen hat, und eine Grußkarte ihrer besten Freundin aufbewahrt. Diese Schatulle holt sie nun hervor, sperrt sie auf, legt das Foto, das ihr Peter geschenkt hat, hinein. Dann sperrt sie das Kästchen wieder zu, hängt den Schlüssel an ihre Halskette und versteckt die Schatulle wieder sorgfältig.

Für Kinder und Jugendliche sind Geheimnisse dieser Art von großer Bedeutung. Indem sie nicht alles mit den Eltern teilen, beginnen sie, sich langsam von ihnen loszulösen, zu differenzieren und eigene Konturen zu entwickeln. Geheimnisse helfen ihnen, ihre eigene Identität wahrzunehmen und nach und nach eine Intimsphäre aufzubauen: Da bist du, Mama. Da bist du, Papa. Und da bin ich. Das Erkennen, dass es statt des Wir eine Unterscheidung zwischen Ich und Du gibt, ist gerade für die spätere Liebesbeziehung ganz wichtig.

Es gibt also Geheimnisse, die uns im Leben weiterbringen, die uns in unserer Differenzierung helfen. Melanie hat Glück, dass sie Eltern hat, die es akzeptieren, wenn sie sich geheimniskrämerisch benimmt. Denn natürlich hat die Mutter bemerkt, wie sie es eilig hatte, in ihr Zimmer zu kommen. Melanies Eltern würden nicht auf die Idee kommen, ohne zu klopfen, in ihr Zimmer zu gehen oder sich zu beschweren, wenn sie sich im Badezimmer einschließt. Solcherlei Verhalten wird von ihnen nicht einmal kommentiert, und das ist genau richtig so.

Die Erfahrung, dass es in Ordnung ist, Geheimnisse zu haben, zeigt den Jugendlichen, dass ihre Welt, die sie sich gerade aufbauen, okay ist und die Grenzziehung zwischen dem Ich und dem Du akzeptiert wird. Denn auch später als gereifte Erwachsene ist es täglich unsere Aufgabe, unsere eigenen Grenzen wahrzunehmen, sie aufzuzeigen, dafür Verantwortung zu übernehmen und sie gegebenenfalls zu schützen und zu verteidigen. Wird diese Akzeptanz nicht gewährt, kommt es zu überzogenen Geheimnisaktionen. Erwachsene haben dann zum Beispiel ständig Affären, die sie vor dem Partner und der Familie geheim halten müssen. Oder sie finden nie eine klare Abgrenzung zwischen sich und der Umwelt und leben in symbiotischen Beziehungen, die früher oder später krank machen.

Zu gesunden Geheimnissen gehört auch, dass man unterschiedliche Grenzbereiche zieht. Melanies beste Freundin wird vermutlich eingeweiht werden – ihre Eltern und ihr Bruder wohl nicht. Es gibt verschiedene Grade der Vertrautheit, und die Differenzierung zwischen vertrauten und abgegrenzten Personen ist ein Teil des Erwachsen-Werdens und führt zu innerer Reife.

Der Unterschied zwischen guten und belastenden Geheimnissen und Intimsphäre

Geheimnisse haben eine Schutzfunktion: Indem wir einer Person eine Information vorenthalten, schützen wir etwas oder jemanden. Wir planen gemeinsam mit Freunden eine Überraschungsparty für die beste Freundin und hoffen, dass das alle geheim halten können und sich niemand verplappert, bis die große Fete steigt. Ein Geheimbund – ob unter Jugendlichen oder unter Erwachsenen – schützt die Gruppe vor unerwünschten Eindringlingen, man schützt ein gemeinsames Wissen oder die exklusive Kraft der gegenseitigen Unterstützung. Selbstverständlich geht von diesen Geheimbünden genau deshalb auch eine gewisse Macht aus.

Ein Geheimnis ist dann gut und förderlich, wenn es von der reinen Freude getragen wird, etwas exklusiv für sich zu haben, ohne anderen damit zu schaden. Ein Kind hat Geheimnisse, um seine Identität zu finden, sich abzugrenzen, sich als Persönlichkeit wahrnehmen zu können und um seine Intimsphäre aufzubauen. Ähnliches gilt auch für Erwachsene. Wenn Sie Ihrem Tagebuch exklusiv regelmäßig Ihre Gedanken anvertrauen und Ihren Partner bitten, nicht darin zu lesen, schützen Sie sich. Wenn er Ihre Bitte erfüllt, respektiert er Ihre Intimsphäre. Damit kommt niemand zu Schaden, im Gegenteil: Jeder Mensch braucht seine Intimsphäre.

Zur Intimsphäre können auch frühere Beziehungen gehören, die Sie vor Ihrem aktuellen Partner hatten. Das Leben, das man vor der Beziehung hatte, ist nicht automatisch etwas, das man mit dem Partner teilen muss, im Gegenteil. Es ist oft auch für den Partner unangenehm, Geschichten vom früheren Lover zu erfahren.

Belastende Geheimnisse hingegen binden Energie – unsere eigene und die in unseren wichtigsten Beziehungen, zu Eltern, Geschwistern und Liebespartnern. Fast immer stecken schwierige Erlebnisse in der Kindheit oder

Familiengeheimnisse dahinter, die es aufzulösen gilt. Diese Art von Geheimnissen stehen daher im Folgenden im Zentrum.

Eine Sonderform ist das Tabu. Im Gegensatz zum belastenden Geheimnis ist beim Tabu das Ereignis zwar bekannt, nur spricht man nicht darüber. Das kann der Tod von Angehörigen sein, Kriegsgeschichten, Geschichten über Verfolgungen, schwere Krankheiten, Ungerechtigkeiten und andere Ereignisse mit großer Tragweite. Ein Tabu hat ähnliche Auswirkungen wie ein Geheimnis: Es entzieht uns Energie, kann über Generationen weitergetragen werden und zeigt somit ähnliche Risiken und Nebenwirkungen.

Geheimnisse, die uns nicht guttun

Herwig war als Kind ein Abenteurer. Er liebte es, mit seinen Freunden im Wald hinter dem Elternhaus zu streunen, Insekten zu fangen, auf Bäume zu klettern oder aus den Ästen der Weiden Pfeil und Bogen zu basteln. Eines Tages kam er mit seinem Freund an eine Lichtung und sah, wie ein brünftiger Hirsch eine Hirschkuh besprang. Weder Herwig noch sein Freund waren aufgeklärt, und doch war ihnen klar, dass hier etwas Aufregendes passierte.

Herwig rannte nach Hause und platzte im Wohnzimmer mitten in ein Kaffeekränzchen seiner Mutter. »Mutti, stell dir vor, was ich gesehen habe«, rief er und erzählte, was er beobachtet hatte. Fünf Augenpaare starrten ihn an, das Gesicht seiner Mutter wurde hochrot. »Schämst du dich denn nicht? Geh sofort in dein Zimmer!«, zischte sie und wandte sich von ihm ab. Herwig verstand die Welt nicht mehr. Sonst war seine Mutter doch immer so interessiert an allem, was er auf seinen Streifzügen entdeckte! Er spürte die Beschämung seiner Mutter und schämte sich selbst. Zwei Jahre später, als Herwig im Schulunterricht aufgeklärt wurde, wurde ihm klar, wovon er damals auf der Waldlichtung Zeuge geworden war. Er schämte sich gleich noch einmal, als er an die Szene mit seiner Mutter denken musste. Nie wieder würde er ihr etwas über Sexualität erzählen!

Somit hatte Herwig seiner Mutter gegenüber Geheimnisse. Doch diese waren – im Gegensatz zu Melanies Geheimnis – belastet, mit Scham und Wut besetzt. Diese Art von Geheimnissen tun uns nicht gut, weil sie Energie binden. Sie entstehen aus kindlichen Verwirrungen, Kränkungen, Täuschungen und Verletzungen heraus – und das rächt sich in der Zukunft. Typischerweise sorgt man später für überzogene Geheimnisaktionen, hat zum Beispiel Affären, die man niemandem erzählen kann. Oder man lernt nie, sich gut abzugrenzen und lebt ständig in symbiotischen Beziehungen, die über kurz oder lang nicht gut gehen. Dass man in der Kindheit aus einer Scham heraus Geheimniskrämerei entwickelt, muss natürlich nicht zwingend zu solcherlei Verhalten führen, sondern hängt immer auch von den anderen Umständen ab und nicht zuletzt von der Entwicklung eines gesunden Selbstvertrauens. Doch darauf kommen wir später zu sprechen.

Geheimnisse binden Energie

Dreißig Jahre später saß eben dieser Herwig mit seiner Frau Agnes bei uns in der Praxis. Sie waren bereits über 15 Jahre ein Paar. Anlass für die Paartherapie war Herwigs Beziehung zu einer anderen Frau, die Agnes kurz zuvor entdeckt hatte. Sie erzählte, dass sie schon seit längerer Zeit ein seltsames Gefühl hatte, es aber nicht benennen konnte. Wenn sie Herwig darauf ansprach, schüttelte er nur den Kopf und sagte, er sei einfach nur müde von der vielen Arbeit.

Wer ein Geheimnis hüten muss, verbraucht dafür viel Energie. Herwig musste sich Ausreden einfallen lassen, seine Frau anlügen und sein schlechtes Gewissen bekämpfen. Geheimnisse haben den Drang, ans Tageslicht zu kommen – das zu unterbinden kostet ebenfalls viel Kraft. Die Energie, die Herwig dafür brauchte, entzog er damit seiner Beziehung zu Agnes, und das spürte seine Frau, auch wenn sie es nicht genau benennen konnte.

Ähnlich ging es Sascha, der seine Lebensgefährtin Elisabeth lange Zeit im Glauben ließ, er würde seine Dissertation zügig weiterbringen. Er hatte sie in Wahrheit bereits ad acta gelegt, doch aus Scham wollte er den Schein wahren. Mit der Zeit merkten beide, dass in ihrer Beziehung etwas nicht stimmte. Erst in einer Therapie fanden sie heraus, dass es Saschas Geheimnis war, das ihnen die Energie raubte.

Geheimnis und verdeckte Aggression

Sie können sich vielleicht vorstellen, dass Saschas schlechtes Gewissen wuchs und sich mit der Zeit in Schuldgefühle umwandelte, weil er seiner Lebensgefährtin keinen reinen Wein einschenkte. In weiterer Folge entsteht aus den Schuldgefühlen Aggression, die sich irgendwann entladen muss.

Wie sehr hinter einem Geheimnis eine verdeckte Aggression steckt, zeigt auch Herwigs Kindheitserlebnis. Weil seine Mutter ihn beschämte, beschloss er noch als Kind, ihr gegenüber von nun an Geheimnisse zu haben. »Du behandelst mich so, also hab ich ein Geheimnis«, wollte er damit sagen. Wut über die Verletzung schwingt in diesen Worten mit. Mitunter kann es sogar ein diebisches Vergnügen bereiten, jemandem gegenüber etwas zu verheimlichen, oder sogar Machtgefühle wecken: »Ich weiß etwas, dass du nicht weißt.« Schließlich ist ein Wissensvorsprung ein Mittel, um Macht zu demonstrieren.

Später, als Herwig und Agnes diese Nebenwirkungen ihres emotionalen Erbes aufarbeiteten, wurde unter anderem klar, welche Aggression Herwig seiner Mutter gegenüber gespeichert hatte. Doch anstatt sie seiner Mutter zu zeigen, fand seine Wut einen Umweg und landete in der Beziehung zu seiner Frau, indem er eine Außenbeziehung einging. Das Geheimnis, eine Affäre zu haben, war wie ein schwarzes Loch, das die Aggression schluckte – und damit aber auch viel Energie nahm, die beiden fehlte. Übrig blieb das »komische Gefühl«, das Agnes die ganze Zeit hatte.

»Mit deiner Wut würde ich viel besser zurechtkommen als mit deinen Lügen«, sagte sie zu Herwig.

Geheimnisse schaffen Distanz

Jedes Geheimnis sorgt für eine größer werdende Distanz zu der Person, die betroffen, also durch das Nicht-Wissen belastet ist. Solange das Geheimnis nicht auf den Tisch kam, konnten sich Herwig und Agnes nicht wieder näherkommen. Agnes war verunsichert, Herwig hatte permanent ein schlechtes Gewissen. »Monatelang ging es mir schlecht, weil ich dieses Geheimnis mit mir herumschleppte. Jede Lüge zog die nächste Lüge nach sich. Ich war nicht mehr ich selbst, war nur noch eine einzige Lüge. Ich konnte mir selbst nicht mehr in die Augen schauen. Und Agnes schon gar nicht.«

Agnes fühlte, dass etwas nicht stimmte, und sie bezog es in erster Linie auf sich selbst. »Mit mir stimmt etwas nicht«, dachte sie. Sie entwickelte sogar körperliche Symptome, hatte Bauchschmerzen und Hautprobleme, die kein Arzt klären konnte.

Geheimnisse haben Auswirkung auf alle betroffenen Personen, egal, ob eine Person sie kennt oder nicht. Distanz entsteht bei einer Liebesbeziehung daher nicht nur gegenüber der Partnerin oder dem Partner. Sie entsteht auch zu den Kindern. Denn Kinder haben ganz starke Sensoren und spüren, wenn die Beziehung ihrer Eltern Schieflage bekommt.

Geheimnisse verdecken ein Stück wichtige Geschichte

Irina und Cosimo besuchten nach der Geburt ihres ersten Sohnes Boris unseren Paarworkshop, anschließend meldeten sie sich für eine Dialograum-Gruppe an, um in ihrer neuen Aufgabe als Vater und Mutter dennoch die Verbindung zueinander nicht zu verlieren. Nach einigen Monaten stand fest, dass sie sich ein zweites Kind wünschten. Doch so rasch Irina beim ersten Mal schwanger wurde, diesmal wollte sich die Schwangerschaft nicht einstellen. Cosimo brachte ihre Situation auf den Punkt: »Wir lieben uns und haben viel Freude miteinander – und doch stimmt irgendetwas nicht.«

Kurz vor Ende des Dialograum-Jahres feierte Irinas Mutter ihren 75. Geburtstag und der ganze große Familienkreis war eingeladen. Irina traf Verwandte, die sie zuvor noch nie gesehen hatte. Der Zufall wollte es, dass sie mit einer ihr bisher unbekannten Tante ins Gespräch kam. »Ja weißt du denn nicht, dass deine Mutter schon vor dir einen Sohn hatte?«, fragte die Tante. »Er ist mit sechs Monaten leider an einer Lungenentzündung gestorben.« Irina war sprachlos. Sie war doch ein Einzelkind! Was ihr die Tante erzählte, war ungeheuerlich, davon hatte sie noch nie gehört! »Und wie hat er geheißen?« – »Boris«, sagte die Tante. Boris, so hatten sie und Cosimo ihren Sohn getauft! Irina weinte. Dann wurde sie zornig. Am liebsten wäre sie noch auf der Geburtstagsfeier zu ihrer Mutter gegangen und hätte sie konfrontiert, doch sie war dann doch so vernünftig, diese Neuigkeit zunächst mit ihrem Mann zu teilen.

Nach ein paar Tagen suchte sie das Gespräch mit ihrer Mutter. Die Mutter war wütend über Irinas Frage nach dem Bruder und stritt zunächst alles ab. Doch Irina ließ nicht locker, zu plausibel waren die Schilderungen der Tante gewesen, und schließlich gab die Mutter erschöpft und unter Tränen zu, dass es diesen Bruder namens Boris tatsächlich gab. »Warum habt ihr mir das nie erzählt? Spätestens, als wir unseren Sohn Boris tauften, muss euch doch klar gewesen sein, dass diese Geschichte wichtig ist!«

Das Familiengeheimnis war somit gelüftet. Auch wenn die Mutter daraufhin verzweifelt war und der Vater Irina Vorwürfe machte, dass sie die Mutter so sehr herausforderte – für Irina war es, als öffnete sich eine unterirdische Quelle, deren kraftspendendes Wasser an die Oberfläche gelangte. Geheimnisse drängen nun mal ans Tageslicht. Der Zufall, dass Irina und Cosimo ihrem Sohn denselben Namen gaben, der Zufall, dass sie mit dieser Verwandten genau darauf zu sprechen kam – offensichtlich hat eine tiefere Weisheit die Geschicke der beiden gelenkt.

Irinas Eltern verweigerten nach der Aussprache jegliche weitere Information. Zu groß war deren Schuldgefühl. Doch über die Tante fanden Irina und Cosimo heraus, auf welchem Friedhof der Bruder begraben war, und sie besuchten das Grab. Es war für Irina ein Ritual des Kennenlernens, es tat gut zu wissen, einen älteren Bruder zu haben. Später schaffte es Irina, ihren Vater dazu zu bewegen, mit ihr einen Generationen-Workshop zu besuchen. Zum ersten Mal in seinem Leben konnte er dort den Verlust seines Sohnes beweinen, für dessen Tod er sich die vielen Jahre lang schuldig gefühlt hatte, weil er damals die Lungenentzündung bagatellisiert hatte. Als Irina ihren Vater weinen sah, konnte sie ihren Eltern Schritt für Schritt verzeihen, dass sie dieses Geheimnis so lange für sich behalten hatten. Bald nach diesem Workshop war Irina übrigens schwanger, mittlerweile haben sie vier Kinder.

Diese beeindruckende Geschichte zeigt, wie wichtig es ist, ein komplettes Bild der eigenen Historie zu haben. Werden wichtige Teile aus unserem Leben ausgeschlossen, verheimlicht oder vertuscht, ist das Bild nicht komplett. Irinas Eltern haben durch ihr Geheimnis viel Energie gebunden und diesen Umstand ihrer Tochter sozusagen weitervererbt. Diese Energie hat auch in der Beziehung zwischen Irina und Cosimo gefehlt, und erst als sie wieder floss, konnte die Familie sich weiterentwickeln.

... dass ich Rumpelstilzchen heiß!

Nicht immer kommt uns das Schicksal zu Hilfe, um ein Familiengeheimnis zu lüften, so wie bei Irina und Cosimo. Dann ist es gut, es selbst in die Hand zu nehmen. Im ersten Schritt steht die Frage im Vordergrund: Welches Geheimnis trage ich mit mir herum? Manche kennt man sehr gut, weil man sie selbst herbeigeführt hat, etwa wenn man eine Affäre hat oder heimlich Geld zur Seite schafft, ohne dass der Rest der Familie Bescheid weiß. Andere Geheimnisse sind aus guten Gründen entstanden, etwa weil man als Kind missbraucht wurde und aus Scham niemandem davon erzählen will. Und natürlich gibt es auch welche, deren Ursache so sehr traumatisch war, dass man sie verdrängen musste, sodass man sich auch des Geheimnisses nicht bewusst ist. In diesem Fall hilft wohl eine therapeutische Begleitung.

Herwig war bewusst, dass er Agnes gegenüber die Affäre verheimlichte – und er outete sich erst, als er nicht mehr anders konnte. Es ist natürlich schwer, ein Geheimnis offenzulegen, weil die Angst vor dem, was dann passieren könnte, sehr groß ist. Ein erster Schritt ist daher sich zu überlegen, was genau denn die größte Angst ist. Denn formuliert man sie, stellt man oft genug fest, dass sie überzogen ist.

Das Geheimnis beim Namen nennen

Das Geheimnis zu benennen, ist ein entscheidender Schritt zur Lösung. Als Herwig sein Geheimnis auf den Tisch legte, war es für ihn wie ein Dammbruch. »Ich bin so froh, dass nun meine Affäre geoutet ist. Ich hatte so viel Angst davor, doch jetzt kann ich dir endlich wieder in die Augen schauen.« Es ist wie in Grimms Märchen Rumpelstilzchen: Sobald das Geheimnis der ehemals armen Müllerstochter beim Namen genannt werden konnte, verlor das listige kleine Männlein die Macht über sie. In dem Moment, als Herwigs Geheimnis benannt wurde, verlor es an Macht über die Beziehung und viel Energie wurde befreit, die er und seine Frau nutzen konnten, um die Hintergründe ihrer Beziehungskrise zu beleuchten.

Der Auslöser für die Affäre lag für Herwig in einem Urlaubserlebnis. Sie hatten wunderschöne, innige Tage in Griechenland. An einem heißen Sommerabend spazierten sie am Strand entlang, sie küssten und umarmten sich, setzten sich in den noch warmen Sand. Sie streichelten einander, doch als Herwigs Hand immer fordernder wurde, wehrte Agnes ab. »Nein, Herwig, hör auf. Was ist, wenn jemand kommt.« – »Aber hier ist doch niemand. Ach komm, hier am Strand, das wäre doch etwas Besonderes!« Doch Agnes weigerte sich. Herwig ließ nicht locker: »Sei doch nicht so langweilig. Wir können auch ins Wasser gehen, dann fällt es nicht so auf, selbst wenn jemand kommt.« Agnes stieß ihn jedoch weg. »Was bist du für ein Perverser, hier am Strand Sex haben zu wollen!« Der Rest des Urlaubs war damit gelaufen, sie waren beide beschämt und verstimmt und konnten auch nicht darüber sprechen.

Seither war Herwig aber sehr vorsichtig, was er sich an Intimität wünschte. Er hatte das Gefühl, seine sexuellen Phantasien seien nicht richtig. Im weiteren Verlauf der Paartherapie wurde dann der Zusammenhang zu seinem Erlebnis mit seiner Mutter transparent. »Ich werde die Szene nie vergessen, als ich meiner Mutter hocherfreut erzählte, was ich da in der Natur beobachtet hatte und mich meine Mutter so beschämte, während die anderen Frauen blöd grinsten.« Damals, so erinnerte er sich, hatte er doch beschlossen, sich nie wieder so bloßstellen zu lassen und sich sehr genau auszusuchen, mit wem er etwas derart Intimes teilen würde. Und im Urlaub hatte Herwig genau das mit Agnes wieder erlebt.

Wenn es in der Ursprungsfamilie ein Geheimnis gibt, egal, ob das Kind selbst oder die Eltern eines haben, kann das im Erwachsenenleben zwei Auswirkungen haben: Man schafft selbst Geheimnisse oder man findet eine Partnerin oder einen Partner, der ein ähnliches Thema hat. Oder es trifft beides zu, wie in diesem Fall. Auch Agnes fand in ihrer Kindheit ein ähnliches Thema wie Herwig.

Sie erzählte, wie oft sie von ihrem Vater in der Öffentlichkeit bloßgestellt wurde. »Was sagst du zu meiner Tochter, ist sie nicht hübsch? Und sie bekommt schon einen Busen«, sagte er gern zu seinen Freunden und alle grinsten und klopften peinliche Sprüche. Agnes schämte sich jedes Mal zutiefst und hatte wohl damals beschlossen, dass es zu solch unangenehmen Situationen nie mehr kommen dürfe. Schon als Jugendliche zog sie bevorzugt hochgeschlossene Pullover an und versuchte, ihre weiblichen Reize zu verbergen.

Das änderte sich zwar später, und als sie sich in Herwig verliebte, waren ihre jeweiligen Vorsätze weiter weggerückt worden. Das ist typisch für die ersten Monate der Verliebtheit und der Schmetterlinge im Bauch, dass man über sich hinauswächst. Die beiden hatten eine auch sexuell aufregende Zeit. Doch als der Beziehungsalltag einkehrte, kam das alte Muster wieder zurück. Die Situation am Strand war für Agnes wie für Herwig unbewusst eine Erinnerung an die Beschämung, die sie als Kind in ihrer Seele gespeichert hatten.

Scham ist wie Klebstoff

Herwig erzählte in der Paartherapie, dass es die Scham war, die ihn hinderte, von seiner Affäre zu erzählen. »Ich liebe meine Frau. Ihr so weh zu tun, das wollte ich doch nicht. Und nun hatte ich auch noch eine zweite Frau, die ich nicht verletzen wollte.« Im Grunde hat seine Beschämung schon in der Kindheit ihre Wurzeln geschlagen. Er wurde damals von seiner Mutter vor den Kopf gestoßen, was ihn beschämte – gleichzeitig übernahm er die Scham seiner Mutter. Außerdem nahm er eine Doppelbotschaft mit: Aus den Blicken der anderen Frauen erkannte er, dass seine Schilderungen etwas Freudiges auslösten, sie lachten anzüglich. Andererseits erkannte er im Verhalten seiner Mutter, dass Fortpflanzung etwas Peinliches war.

Scham ist sicher eines der unangenehmsten Gefühle, die uns auf eine Weise mit uns selbst konfrontieren, die äußerstes Unwohlsein hervorruft. Wir werden sie auch sehr schwer wieder los, Scham ist wie eine klebrige Substanz, die wir abstreifen wollen, doch so sehr wir uns auch bemühen, es gelingt uns nicht. Wenn Sie Klebstoff auf der linken Hand haben und sie mit der rechten wegwischen wollen, haben Sie ihn auf der rechten Hand. Sie können Ihre Hand noch so sehr schütteln, der Klebstoff bleibt. Nur wenn jemand anderer Ihnen hilft, werden Sie ihn los. Genauso ist es auch mit der Scham. Sie müssen jemanden um Hilfe bitten – doch genau das ist so schwer, weil es doch peinlich ist, sich so zu entblößen. Genau deshalb entstehen oft Geheimnisse. Sie offenzulegen, geht nur, wenn Sie Ihre Scham überwinden – und dazu brauchen Sie Selbstbewusstsein und Mut.

Selbstvertrauen und Stolz helfen

Wer zu seinen peinlichen Erlebnissen stehen kann, zeigt Selbstvertrauen. Menschen, die ihre Scham überwinden können, die dann vielleicht sogar in der Lage sind, über sich selbst zu lächeln, die haben von vornherein genug Selbstvertrauen entwickelt, um dies tun zu können. Die Lösung von belastenden Geheimnissen liegt daher genau im Umkehrschluss: Wenn es Ihnen gelingt, Selbstvertrauen aufzubauen, zu sich zu stehen, können Sie solche Hürden auch bewältigen. Sich grundsätzlich kompetent zu fühlen, stolz auf sich, seine Leistungen und seine Eigenarten zu sein – all das hilft, auch einmal über ein Tabu zu sprechen, für das man sich schämt.

Das Potenzial, stolz auf sich zu sein, tragen wir alle in uns. Denken Sie nur an ein kleines Kind, das es erstmals schafft, auf den großen Kirschbaum im Garten zu klettern. Das strahlende Gesicht, die Aufregung, wenn es den Eltern von diesem Sieg erzählt, spiegelt all die Freude, Dankbarkeit und den Stolz wider, den es über seine Leistung empfindet. So ein Kind waren wir alle einmal. Diese Erlebnisse nähren den Lebensmut und stärken das Kind für weitere Eroberungen. Oft wird uns dieser Stolz später leider aberzogen. »Man muss immer schön bescheiden bleiben«, hören wir dann. Oder »Hochmut kommt vor dem Fall« – und wir müssen uns erst vergegenwärtigen, dass Hochmut und Stolz schlicht verwechselt werden und es legitim ist, stolz auf sich zu sein.

Balance zwischen Intimität und Offenheit

Wir haben zu Beginn des Kapitels beschrieben, dass es unterschiedliche Arten von Geheimnissen gibt. Neben der Frage, welches Geheimnis man in sich trägt, sollte man auch die Frage klären, inwieweit es wirklich dienlich ist, sich zu outen. Der Balanceakt zwischen Intimität und Offenheit ist nicht immer leicht zu vollziehen.

Eine wichtige Hilfestellung ist, darüber nachzudenken, wozu das Geheimnis nutzt. Wen möchte ich schützen? Kann ich in den Spiegel schauen? Lüfte ich mein Geheimnis bloß, um es abzuladen und jemand anderem anzuhängen?

Von einem ungesunden Geheimnis kann man also dann sprechen, wenn man jemandem etwas verschweigt, das für den anderen bedeutsam wäre zu wissen, oder wenn ich etwas mit mir herumtrage, das mich sehr belastet, mich beschämt und ich mich damit einsam fühle. Wenn man ein schlechtes Gewissen entwickelt, kann man davon ausgehen, dass es gut wäre, sich zu outen, um die gebundene Energie wieder freizulassen. Wenn Sie nicht Ihrem Mann, wohl aber Ihrer besten Freundin anvertrauen, dass Sie einer Berufskollegin wichtige Informationen nicht weitergegeben haben, dann verschweigen Sie Ihrem Mann gegenüber zwar etwas, aber dieses Geheimnis belastet nicht Ihre Beziehung. Verschweigen Sie Ihrem Mann jedoch, dass Sie wiederholt sexuell missbraucht wurden, dann hat dieses Geheimnis sehr wohl eine große Relevanz für Sie beide.

Ein anderes Beispiel: Renates Mutter hatte es gleich

doppelt falsch gemacht. Sie hatte Renate verschwiegen, dass sie mit einem früheren Mann vor Renates Geburt bereits eine Tochter hatte. Auf der anderen Seite hatte sie ihre Tochter als Vertraute missbraucht und ihr immer wieder von diversen Eroberungen erzählt, die sie neben ihrem Mann, Renates Vater, hatte. Natürlich gab es gute Gründe, warum sie das eine verschwieg und das andere erzählte, schließlich hat jeder Mensch seine eigene Geschichte, in der sich sein Verhalten erklärt. Für die Tochter Renate wäre es jedoch umgekehrt besser gewesen. Das Wissen um eine Halbschwester hätte eine wichtige Lücke im Familiensystem geschlossen. Und wenn ihre Mutter die Affären nicht ihr, sondern einer Freundin erzählt hätte, wäre Renates Pubertät unbelasteter gewesen.

In der Geschichte von Herwig und Agnes ist es klar, dass die Affäre ein Geheimnis war, das für Agnes sehr wohl relevant war, und es war gut, dass es gelüftet wurde. Hätte Herwig zusätzlich vor längerer Zeit einen One-Night-Stand gehabt, wäre es wohl besser, das nicht auch noch aufs Tapet zu bringen. Das hätte Agnes nur noch mehr verletzt, für die Entwicklung der Beziehung wäre das jedoch nicht weiter förderlich gewesen. Das Thema war schließlich schon auf dem Tisch und wurde bereits besprochen. Das soll jetzt nicht heißen, dass One-Night-Stands einfach so passieren sollen. Doch eine Beichte sollte nicht ausschließlich dazu dienen, das eigene Gewissen zulasten des Partners, der Partnerin zu erleichtern. Es gilt, jede Beziehung und jede Situation differenziert zu betrachten und über den Nutzen des Aufdeckens gut nachzudenken.

Mit der Sprache herausrücken

Wenn uns bewusst ist, dass wir ein Geheimnis mit uns herumtragen, das uns selbst, unsere Liebesbeziehung oder auch andere Menschen belastet, dann stellt sich natürlich die Frage: Wie lüfte ich es am besten? Es ist gerade bei Geheimnissen sehr wichtig, sehr gründlich zu überlegen, wem man es wann und wo erzählt und was vorzubereiten ist.

Die wohl wichtigste Frage dabei ist: Bei welcher Person ist mein Geheimnis gut aufgehoben? Dementsprechend ist es auch sinnvoll, dieser Person zu sagen, dass dieses Outing eine besondere Ehre und ein Vertrauensbeweis ist und dass sie die Geschichte bitte für sich behalten soll. Hilfreich ist auch, diese Person zu bitten, nicht zu bewerten, nicht moralisch zu urteilen, nicht zu interpretieren oder gar in Frage zu stellen. Als Imagotherapeuten empfehlen wir dieser Vertrauensperson, das Gehörte einfach zu spiegeln, also die Worte zu wiederholen. Ein Beispiel: »Ich erzähle dir jetzt von meinem Geheimnis. Mein Onkel hat mich missbraucht.« – »Ich höre, du sagst, dass du mir von deinem Geheimnis erzählst. Dein Onkel hat dich missbraucht. Habe ich dich gehört?« Dieses Spiegeln sorgt für zusätzliche Sicherheit.

Natürlich wird man solche Geschichten nicht zwischen Tür und Angel erzählen wollen, und auch nicht an einem Ort, wo andere mithören können. Manchmal kann es hilfreich sein, sich für das Outing in einer Einzeltherapie vorzubereiten, um es erst dann nach draußen zu tragen.

Sibylle und Alfred nahmen an einem unserer Imago-

Paarworkshops teil, in dem wir unter anderem auch über Geheimnisse reden und wie sehr sie eine Beziehung belasten können. Sie kamen danach zu einer Paartherapiesitzung. Sibylle wollte Alfred in einem Paardialog etwas Wichtiges erzählen, das sie noch niemandem zuvor erzählt hatte. Sie bat uns, sie zu unterstützen, und Alfred, sie liebevoll zu spiegeln.

Als Sibylle zehn Jahre alt war, übernachtete sie öfter bei ihrer zwei Jahre jüngeren Cousine. Wenn die Cousine schon eingeschlafen und die Tante zu Bett gegangen war, kam regelmäßig der Onkel ins Zimmer mit dem Vorwand, ihr noch gute Nacht sagen zu wollen. Er stellte fest, dass Sibylle sich so kalt anfühlte, also legte er sich zu ihr ins Bett, um sie zu wärmen. Beim ersten Mal war es nur ein Kuscheln, und Sibylle freute sich, von ihm so viel Aufmerksamkeit zu bekommen. Doch die Handlungen des Onkels wurden rasch deutlicher. Er ging so weit, Sibylles Vagina zu berühren, ihre Hand zu seinem Penis zu führen und sich in ihrem Beisein selbst zu befriedigen. Sibylle fühlte sich grauenhaft und schmutzig und stand dann oft mitten in der Nacht auf, um zu duschen. Die Tante bemerkte zwar ihre nächtlichen Duschaktionen, doch sie hatte nicht die blasseste Idee, was da im Kinderzimmer ablief. Sibylle war in einem schrecklichen Dilemma – der Onkel hatte bei ihrer Mutter einen besonderen Stellenwert, er genoss in seinem Beruf hohes Ansehen und galt als bekannte Autorität. Sibylle spürte, dass sie sein Renommee in keiner Weise antasten durfte.

All das erzählte sie Alfred tränenüberströmt. Der war zuerst erstarrt, dann zornig und schließlich begann auch er zu weinen und fühlte mit der kleinen Sibylle mit. Mit diesem Outing wurde jedoch einiges klar in der Beziehung zwischen den beiden. Alfred konnte es sich nun erklären, warum Sibylle manchmal so schroff reagierte, wenn er sich unerwartet an sie kuscheln wollte. Er verstand, warum sie es nicht so gern hatte, wenn er ihre Schamlippen berühren wollte, und dass Sibylle zwar Verständnis dafür hatte, wenn Alfred sich hie und da selbst befriedigen wollte, dass sie aber keinesfalls dabei sein wollte.

Das Zuhören und Mitfühlen führte zu einem nie dagewesenen Gefühl der Sicherheit zwischen den beiden. Sibylle wusste nun, dass sie jederzeit Stopp sagen und somit ihre Grenzen selbst schützen kann. Was sie vorher abgelehnt hatte, wurde nun möglich, weil sie wusste: Nun ist es ihr freier Wille, was da geschieht.

Geheimnis-Check

Wir möchten Sie nun gerne auf ein Experiment einladen und Sie ein Stück in Ihre eigene Geheimniswelt führen. Legen Sie sich bitte Stift und Papier zurecht, suchen Sie eine gemütliche Ecke und notieren Sie die Antworten zu den folgenden Fragen. Erlauben Sie sich, immer gleich den allerersten Gedanken aufzuschreiben, auch wenn er Ihnen absurd oder irritierend erscheint.

- ☞ Wenn ich das Wort »Geheimnis« lese, denke ich als Erstes an …
- ☞ Mein erstes Geheimnis als Kind, über das ich mich diebisch gefreut habe, ist …

- ☞ Das erste Geheimnis, das ich als Kind aus einer Not heraus hatte, war ...
- ☞ Das Geheimnis, das mich seit meiner Kindheit mit viel Angst und Scham belastete, war ...
- ☞ Damals dachte ich mir: Wenn dieses Geheimnis auffliegt, dann ...
- ☞ Aus diesem Grund habe ich damals beschlossen, ...
- ☞ Was lange Zeit das Geheimnis in meiner Ursprungsfamilie war, ist ...
- ☞ Ich stelle mir vor, dass meine Mutter ein Geheimnis vor meinem Vater hatte, nämlich ...
- ☞ Ich stelle mir vor, dass mein Vater ein Geheimnis vor meiner Mutter hatte, nämlich ...
- ☞ Ein Geheimnis, das ich lange Zeit in einer früheren Beziehung hatte oder in der aktuellen Beziehung habe, ist ...
- ☞ Wenn ich diese Zeilen schreibe, dann lerne ich gerade etwas über mich, nämlich ...
- ☞ Meine wichtigste Erkenntnis, die ich jetzt in diesem Moment habe, ist ...
- ☞ Legen Sie den Zettel mit Ihren Notizen für ein oder zwei Tage in eine Schublade und lesen Sie ihn erst dann wieder. Suchen Sie anschließend einen Menschen Ihres Vertrauens, um darüber zu sprechen.

Hinter den Kulissen

Roland, 54 Jahre

Dass meine Mutter vor der Ehe mit meinem Vater schon verlobt war, war kein Geheimnis, wohl aber ein Tabuthema. Ich kann mich nicht daran erinnern, dass jemals darüber gesprochen wurde, solange mein Vater lebte – ich vermute, sie wollte ihn mit dieser Geschichte nicht unnötig verletzen. Erst als mein Vater gestorben war, konnte meine Mutter die Geschichte zu Ende bringen.

Herbert Frank und meine Mutter waren also verlobt, als er in den Krieg ziehen musste. 1944 fiel er. Doch in den Wirren des Krieges und der Nachkriegszeit war keine Zeit für Trauer, da ging es ums Überleben. Meine Mutter und ihre jüngere Schwester waren über mehrere Demarkationslinien aus Tirol nach Wien zurückgekehrt, und sie mussten besonders achtgeben, dass sie nicht vergewaltigt wurden. Meine Mutter kümmerte sich auch um den Sohn ihres Bruders, der mitten im Krieg geboren wurde. Sie mussten Bombenangriffe überstehen und zusehen, dass sie heil aus diesem Krieg herauskamen. Wie viele andere, die diese Zeit miterlebten, hat sie ihre Gefühle verdrängt und sich auf den Wiederaufbau konzentriert. Damit war eine Aufarbeitung der Erlebnisse nicht möglich.

Als der Krieg endlich zu Ende war, war für Trauerarbeit auch keine Zeit, denn nun wurde der elterliche Betrieb wieder aufgebaut. Dabei begegnete sie auch meinem Vater, der zufällig denselben Namen trug wie ihr früherer Verlobter. Sie heirateten und gründeten eine Familie.

Mehr als 50 Jahre lang hatte sie diese Geschichte mit sich herumgeschleppt, nun, ein halbes Jahr nach dem Tod meines

Vaters, wollte sie sie endlich abschließen. Dass darüber nun endlich gesprochen werden konnte, half mir, so einiges zu verstehen. Mein Vater sagte zum Beispiel öfter: »Ich weiß, ich bin nicht gut genug.« Er sagte das sehr leise, aber es war doch zu hören. Immer wenn meine Mutter erwähnte, dass andere Betriebe besser seien als unserer oder dass andere Unternehmer bessere Leistungen, bessere Qualität, bessere Erfolge schafften, manifestierte sich seine Überzeugung, nicht gut genug zu sein. Tief in sich drinnen muss er gespürt haben, dass sich meine Mutter von ihrem Verlobten nicht wirklich verabschiedet hatte. Als Kind litt ich unter solchen Gesrpächen zwischen meinen Eltern, wie wir sie auch in der Szene im fünften Kapitel darstellen. Nun, als Erwachsener, konnte ich das verstehen.

Mit dem Klären dieses Tabus konnte ich auch mit Sabine darüber sprechen und plötzlich war auch klar, warum ich mir gerade sie als meine Frau ausgesucht hatte. Denn dank ihr konnte ich dieses Tabu bearbeiten und mich von dieser Trauer, die gar nicht meine war, befreien. Es auf den Tisch zu bringen, gab mir ein Stück Lebenskraft zurück. Ich verwandelte sozusagen dieses belastende Tabu in Liebe und Leidenschaft für die Beziehung mit meiner lieben Frau. Ein Sprichwort sagt: »Es ist nie zu spät für eine glückliche Kindheit.« Dem stimmen wir zu und ergänzen: Es ist nie zu spät für eine glückliche Partnerschaft!

Nachwort

Sich unserer Risiken und Nebenwirkungen immer wieder bewusst zu werden, ist die Botschaft dieses Buchs. Gleichzeitig können wir in Demut und Dankbarkeit sehen, was uns alles geschenkt wurde. Wir können jeden Tag aufs Neue entscheiden, wie wir unsere Zeit hier auf der Erde nutzen wollen. Dabei hilft uns das Wissen darüber, wo wir herkommen, wo wir gerade stehen und wo wir hinwollen – alleine oder in unserer Beziehung.

Wir danken allen Menschen, die uns das gelehrt haben: unseren Kindern, Eltern, Geschwistern, Kolleginnen und Kollegen, Lehrerinnen und Lehrern, Freundinnen und Freunden, die mit uns nun schon diesen weiten Weg unseres Lebens gegangen sind. Unser spezieller Dank gilt Hedy Schleifer, die die Imagotherapie vom Erfinder Harville Hendrix aus den USA nach Europa gebracht hat. Sie war unsere beste Mentorin.

Ein Buch über das Leben zu lesen, ist lehrreich. Das Leben selbst zu leben, ist aus unserer Sicht die größte Lehreinheit überhaupt. Wir wünschen Ihnen gutes Gelingen!

Register